Nur ein paar Stündchen

Nix wie raus, ganz schnell ins Grüne. Auch mit wenig Zeit lässt sich Großartiges erleben. Kleine und große Abenteuer warten direkt vor der Haustür.

4H

Raus für einen Tag

Man muss nicht das Land verlassen, um neue Welten zu entdecken. Einfach mal einen Tag lang raus aus dem Alltagsallerlei und rein in die Natur.

12H

Ferien für ein Wochenende

Warum auf die große Auszeit warten, wenn man einen erquicklichen Wochenendtrip ins nahe Umland machen kann? Vergnügen, Abenteuer und Wohlgefühl kompakt und intensiv.

36H

LIEBE LESERIN, LIEBER LESER.

in einer grünen Millionenstadt, einer wilden, wasserreichen Piratenbraut mit elegantem Naturell, wo Strände die Flussufer säumen, Wanderdünen durch die Heide ziehen, mehr Landflächen unter Naturschutz stehen als in jedem anderen Bundesland und der Himmel sich beinahe täglich zum großen Drama aufschwingt, werden Auszeiten zu fabelhaften Erlebnissen.

Ob Akrobatikstunde in der kantigen kleinen Freiheit ums Eck, Urwaldexpedition unten am Strom oder Wochenend-Retreat bei den besten Nachbarn der Welt – draußen sein tut einfach ungeheuer gut.

Viele wunderbare Eskapaden in und rund um Hamburg wünschen Ihnen, dir und euch

PS: Informationen zum GPX-Download gibt's auf Seite 224.

AUSZEIT. ABENTEUER. LEBENSFREUDE.

1. KAPITEL
ABSTECHER

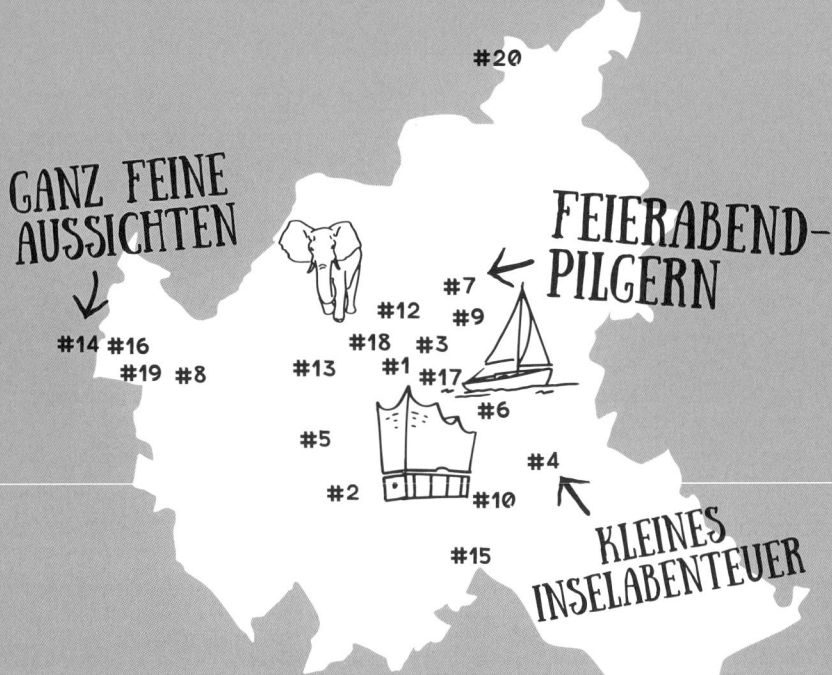

#11

#20

GANZ FEINE
AUSSICHTEN

FEIERABEND-
PILGERN

#7
#12   #9
#14 #16   #18   #3
#19 #8   #13   #1   #17
#5   #6
#2   #10   #4
#15

KLEINES
INSELABENTEUER

Nur ein paar Stündchen

*Zen vorm Frühstück, Mikroabenteuer
für die Mittagspause und abends ab ins
Froschkonzert - kleine Auszeiten pusten
den Kopf frei.*

4H

DIE KUNST, EINEN GARTEN ZU SEHEN

>- ... im Japanischen Garten von Planten un Blomen -<

Zwischen Dammtor und Messegelände befindet sich ein sehr guter Grund, den Wecker eine Stunde vorzustellen: Der Japanische Garten von Planten un Blomen. In der Morgenstille liegt ein besonderer Zauber über der kleinen Anlage, die zu den größten ihrer Art in Europa zählt.

Der Japanische Garten mit Teehaus liegt zwischen Messe und Megabaustelle beim CCH.
Fast wie beim Zauberer von Oz: Hellrosa Kirschblüten weisen den Weg zur inneren Mitte (rechts).

Sehr früh morgens in der schönsten Stadt der Welt: Auf Straßen und Bahnhöfen wird Hamburg bereits hastig. Doch noch ist die Geschäftigkeit nicht zu Planten un Blomen durchgedrungen; noch gehört der Park Dauerläufern und verschlafenenen Hundebesitzern. Nur wie aus weiter Ferne dringt der Verkehrslärm gedämpft in das grüne Herz der City.

Hinter dem Holztor, das den Eingang zum Japanischen Garten symbolisiert, verschwindet er gänzlich aus dem Bewusstsein. Morgensonne flutet den Ponton vor dem Teehaus. Über die Wasserfläche ziehen zwei Enten, ein verborgener Bach plätschert über Felsen. Man muss wohl kein Meditationskünstler sein, um ganz ins Hier und Jetzt einzutauchen. Dies ist die beste Stunde des Japanischen Gartens. Die stillste. Nur am Morgen kann die Miniaturlandschaft ungestört auf ihre Betrachter wirken. Für eine der größten Anlagen ihrer Art in Europa scheint sie erstaunlich klein. Aber eben darin liegt ja die Kunst von Zen-Gärten. Der Landschaftsarchitekt Yoshikuni Araki schuf diesen nach strengen Gestaltungsrichtlinien.

Um japanische Gärten »richtig zu lesen«, braucht es komplexes Hintergrundwissen. Wer damit nicht glänzen kann, lässt sich schlicht bezaubern, folgt verschlungenen Pfaden, balanciert über Steine und Brücken, bestaunt Bonsais, Kiefern, Statuen und Wasserläufe. Zartrosa Kirschblüten schweben von den Bäumen, beinahe jeder Schritt eröffnet eine neue Perspektive, malt ein anderes Bild. Es wirkt beruhigend einerseits und andererseits

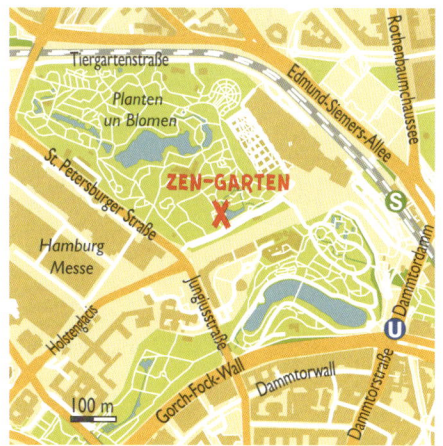

wie federleichte Freude. Vielleicht ist es fast schon Zen – oder die Kunst, freiwillig früh aufzustehen.

> **FAZIT: EIN KLEINER GARTEN MIT GROßER WIRKUNG UND HUNDERT PERSPEKTIVEN. GENAU DER RICHTIGE ORT, UM IN DER RUHE VOR DEM STURM ENERGIE ZU TANKEN.**

Hin & Weg: S11, S20, S31 Dammtor, U1 Stephansplatz.

Beste Zeit: Morgens um 7 Uhr, Kirschblüte im Frühjahr, Laubfärbung im Herbst.

Dauer: Eine Weile.

Ausrüstung: Nichts (darum geht es ja gerade).

AUF FOTO-SAFARI

⋛ ... mit dem Rad durch Steinwerder ⋚

Manche Ecken in Steinwerder und auf dem Kleinen Grasbrook sind am Wochenende menschenleer und autofrei – ideale Bedingungen für eine Entdeckertour mit dem Rad. Zwischen Industrieanlagen und Containerschluchten warten spannende Motive, kleine Freiflächen und beste Aussichten auf Elphi & Co.

Hamburgisch für Fortgeschrittene: An der Elbe spricht man von Hafenkranen (nicht Kränen).

Freitag ist Steinwerder von schwerer Arbeit und Wandel geprägt. Alte Straßen verschwinden, neue Brücken werden geschlagen, Terminals wachsen, öde Flächen verwandeln sich in Liegewiesen. Daher lässt sich die ehemalige Insel auch immer wieder neu entdecken. Am besten lässt man sich einfach treiben.

Die wenigen Besucher, die man am Wochenende im Gewirr der Industrieanlagen, Lagerschuppen und Containerschluchten trifft, tragen überdurchschnittlich oft eine Kamera in der Hand – und ein verträumtes Lächeln im Gesicht. Vielleicht liegt es an den Straßennamen: Kamerunweg. Windhukkai. Indiastraße ... Vielleicht sind es auch die exotischen Düfte der hier lagernden Gewürze. Oder es ist der Hafen selbst. Denn eben das ist es ja, was Häfen mit uns anstellen: Sie schicken die Gedanken auf Reisen.

Stellenweise wirkt die Umgebung geradezu surreal; besonders dann, wenn Neues auf Erinnerungen an die Kaiserzeit trifft: ein Fetzen Jugendstil-Tapete hier, eine bemalte Kachel da, vergessene Kanäle, die letzten historischen Hafenanlagen am Hansahöft und wildwuchernde Brachen.

Die Wiese an der Spitze der Afrikastraße wurde zwar leider frisch gemäht, aber irgendwas ist ja immer – und der freie Blick auf die Top-Attraktionen der Stadt macht's wett.

Wochenend und Sonnenschein. Das bedeutet auch: Massenalarm, vom Fischmarkt bis zur Hafencity. Mir san jaaa mit'm Radel da und sausen auf dem Touristenpfad Nr. 1 durch den Alten Elbtunnel auf die andere Seite – ein Spaß, der sich selbst beim x-ten Mal nicht abnutzt.

Beim Aussichtspunkt vis-à-vis der Landungsbrücken herrscht Ferienstimmung. Kein Wunder: Einen besseren Blick auf Hamburgs Hafenpanorama gibt es nicht. Viel weiter als auf die Wiese beim König der Löwen zieht es die meisten Ausflügler aber nicht. Und weil in den Straßen dahinter kaum ein Mensch lebt und überhaupt gar keine Geschäfte Besucher anlocken, ist es wunderbar ruhig. Schon praktisch so ein Stadtteil, der am Wochenende Fofftein, also Pause, macht. Von Montag bis

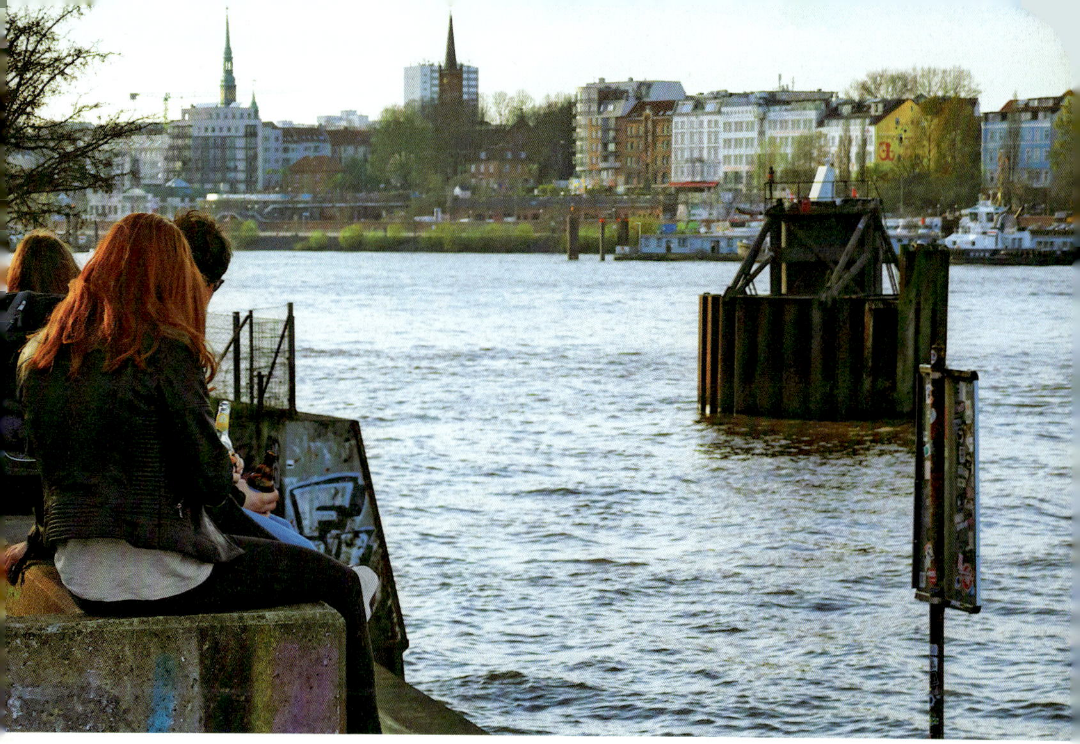

FAZIT: IMMER SCHÖN FREISTIL. MIT DER ELBE ALS LANDMARKE GIBT ES WENIG MÖGLICHKEITEN, SICH ZU VERIRREN. ABER VIELE ANBLICKE, IN DENEN MAN SICH VERLIEREN KANN.

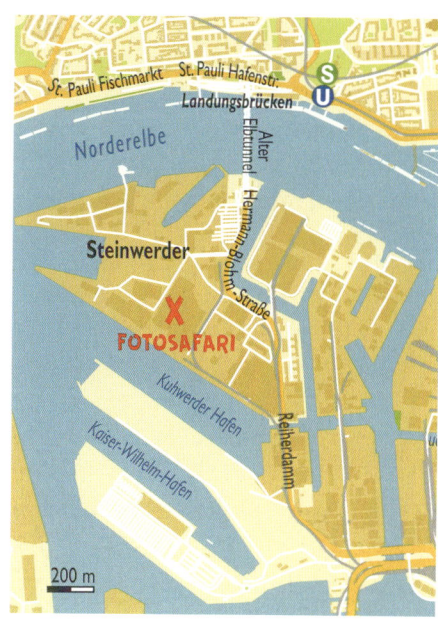

Hin & Weg: S1, S2, S3, U3 Landungsbrücken.

Beste Zeit: Freitagabend bis Sonntagnacht.

Dauer: 2 entspannte Stunden.

Ausrüstung: Kamera bzw. Smartphone, Rad.

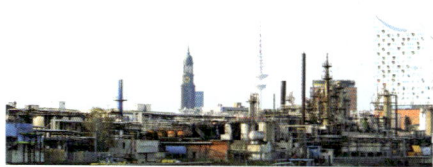

HIMMLISCHE HARMONIE

⋝ ... im Yu Garden in Rotherbaum ⋜

Der Yu Garden im Stadtteil Rotherbaum ist eine fernöstliche Kostbarkeit. Eigentlich dient das traditionelle Teehaus nebst Pavillons und chinesischem Garten als Veranstaltungsstätte. Wird nicht getagt oder gefeiert, darf in der kleinen Anlage nach himmlischer Harmonie gesucht werden.

Ist man hektisch und gestresst, ist der Stadt-teil Rotherbaum eine gute Adresse. Es ist so eine Eigenart der Gegend, dass beim Spazie-ren entlang der großzügigen Villen der Druck augenblicklich nachlässt. Das funktioniert in beinahe jeder Seitenstraße der Rothenbaum-chaussee, am verlässlichsten aber in der Binderstraße, gleich hinter dem Museum für Völkerkunde. Dort liegt der Yu Garden, eine chinesische Teehaus-Anlage mit Terrassen und Teichlandschaft. Das Geschenk der Stadt Shanghai ist dem berühmten dortigen Huxinting-Teehaus nachempfunden. Natür-lich ist die Hamburger Variante viel kleiner als das Top-Wahrzeichen der Partnerstadt. Aber dort wie hier sorgt die Zickzack-Brücke dafür, dass böse Geister draußen bleiben. Am Eingang bei den steinernen Löwen lauschen

selbst Übereilige ihr westliches Ruckzuck gegen fernöstliche Achtsamkeit. Allein wenn man den anderen dabei zusieht, wie sie sich auf der Terrasse des Haupthauses mit flie-ßenden Bewegungen im Tai-Chi üben, oder im Qi Gong – wer kennt sich damit schon genau aus –, allein dadurch fährt das, was im Innern eben noch schnell war, merklich herunter. Ist der beste Platz (beim kleinen Wasserfall) schon von jemandem besetzt, der häufig im Fernsehen zu sehen ist, tut man, als würde man ihn nicht erkennen. So gehört sich das in Alsternähe – er sucht ja auch nur seine Ruhe. Außerdem ist der Blick von der Steinbank ein Stückchen weiter ebenso gut.

In chinesischen Gärten wird nichts dem Zufall überlassen. Der mannshohe Bambus beispiels-

Ein Hauch von China und Symbol der Freundschaft: Das Teehaus Yu Garden in der Feldbrunnenstraße ist ein Geschenk der Stadt Shanghai. Die Außenanlage mit Teichlandschaft ist frei zugänglich.

weise dient nicht der Abgrenzung zur Straße. Sein knotenartiger Wuchs symbolisiert die Stufen auf dem Weg zur Erleuchtung. Nicht, dass ein kurzer Besuch des Teehauses helfen würde, eine ganze Stufe zu erklimmen, aber die Laune ist danach deutlich entspannter.

FAZIT: DIESE KLEINE PERLE CHINESISCHER GARTENKUNST FUNKTIONIERT WIE POWERNAPPING, SIEHT NUR SEHR VIEL SCHÖNER AUS.

Hin & Weg: U1 Hallerstraße.

Beste Zeit: Twenty four seven; jedoch nicht während Veranstaltungen.

Dauer: 15–30 Min.

Ausrüstung: Kimono, Fächer, Stäbchen fürs Haar – und sei es auch nur in Gedanken.

WASSER KUNST INSEL

≥ ... Entdeckungen auf der Elbinsel Kaltehofe ≤

 # 4

Industriedenkmal. Naturpark. Museum. Disc Golf Parcours. Wasserlabor. Die Elbinsel Kaltehofe in der Billwerder Bucht ist alles auf einmal und dazu ein lauschiger Platz, an dem Hamburger ihrer Lieblingsbeschäftigung nachgehen können: Rumstromern am Strom.

Seit die Stiftung Wasserkunst vor einigen Jahren die Elbinsel Kaltehofe der Öffentlichkeit zugänglich machte, klettert sie wunderbar zögerlich die Liste der Hamburger Lieblingsplätze hinauf.

Morgens ist das Gelände des ehemaligen Filtrationswerks noch menschenleer. In der alten Direktionsvilla bereitet sich das Museumspersonal gerade erst auf den Betrieb von Norddeutschlands modernster Ausstellung zur Wasserversorgung vor. In das weitläufige Außengelände kommt man aber bereits – noch dazu kostenfrei.

Am entspanntesten gelangt man zu Fuß oder mit dem Rad auf die Elbinsel. Vom S-Bahnhof Rothenburgsort geht es ca. 1,5 Kilometer über Billhorner Deich und Ausschläger Elbdeich zur Billwerder Bucht. Das Sperrwerk dient gleichsam als Brücke nach Kaltehofe und ist nicht zu übersehen. Immerhin handelt es sich um das zweitgrößte Sperrwerk Deutschlands.

Über hundert Jahre wurde auf Kaltehofe in fußballfeldgroßen Filterbecken Elbwasser zu Trinkwasser veredelt. Hingucker sind die sogenannten Schieberhäuschen, in denen Arbeiter den Zu- und Ablauf der Wassermengen regelten: F.A. Meyer, der Planer der Speicherstadt, gestaltete sie wie winzige Märchenschlösser; von einigen hat die Natur längst wieder Besitz ergriffen, andere sind instand gesetzt und mit Tonanlagen versehen.

Dort plaudert ein ehemaliger Arbeiter aus dem Nähkästchen; insbesondere erzählt er von seiner Abscheu gegenüber Spinnen. Angesichts

Das veredelte Element: Bevor das Filtrierwerk in Rothenburgsort seinen Betrieb aufnahm, bevölkerten alten Quellen zufolge über 40 Tierarten das Trinkwasser. Heute sind sie auf Kaltehofe sehr willkommen.

des Gewimmels an Wänden und Decken war der Arbeitsalltag für den armen Mann sicher kein Vergnügen. Für Vögel hingegen sind die Spinnen ein Fest, verraten die Infotafeln des ökologischen Naturlehrpfades. 1990 stillgelegt, blieb die Anlage viele Jahre sich selbst überlassen. In dieser Zeit entwickelten sich Biotope und eine beachtliche Artenvielfalt.

Heute leben wieder Kuckuck, Nachtigall, Dorngrasmücke und Fledermaus auf Kalthofe – und auch Hamburger kehren allmählich zurück. Gerade kommen wieder zwei. Pünktlich zur Öffnung um 10 Uhr.

> **FAZIT: FÜR DIE EINEN LÄNGST LIEBLINGS-PLATZ, ANDERE WOLLTEN IMMER SCHON MAL HIN UND MANCHE HABEN NOCH NIE DAVON GEHÖRT. HÖCHSTE ZEIT, DIE ELB-INSEL ZU ENTDECKEN.**

Hin & Weg: S2, S21 Rothenburgsort + ca. 1,5 km Spaziergang zur Insel.

Beste Zeit: Ganzjährig, das Café hat von November bis März nur am Wochenende geöffnet. Mehr unter www.wasserkunst-hamburg.de

Dauer & Strecke: 30 Min. nach und 1 – 3 Std. auf Kaltehofe.

Ausrüstung: Ggf. Decke für ein Sonnenbad auf dem Deich.

→ ABSTECHER...

ICH MACH DANN MAL GAR NICHTS

... auf dem Jüdischen Friedhof in Altona

#5 Der Jüdische Friedhof an der Königsstraße gilt aufgrund seines Alters, seiner Größe und des engen Nebeneinanders sephardischer und aschkenasischer Gräber als einer der bedeutendsten seiner Art weltweit. Das steinerne Archiv jüdischer Geschichte lädt zum Innehalten ein.

Vor 400 Jahren kauften drei portugiesische Kaufleute ein kleines Stück Land »auf Ewigkeit«: Seit 1960 steht der Jüdische Friedhof Altona mit seinen rund 6.400 Grabsteinen unter Denkmalschutz.

Gar nichts zu tun ist eine Disziplin, in der Kinder Erwachsenen um Längen überlegen sind. Wem es bisweilen vorkommt, als hätte er die Fähigkeit dazu gänzlich verloren, der braucht einen Ort, der ihm dabei unter die Arme greift. Sehr gut gelingt das Nichtstun mit Blick aufs Wasser – oder an der vielbefahrenen Königsstraße. Geschützt von Mauern, viel Grün und altem Baumbestand liegt hier ein besonders »Guter Ort«, wie jüdische Friedhöfe auch genannt werden. Wer hinein möchte, klingelt an der Pforte und wird persönlich eingelassen. Obwohl die zwei Hektar große Anlage an Parks, Wohnhäuser und Straßen grenzt, vermittelt sie das Gefühl einer abgeschlossenen Welt und einer anderen Zeit. Die Anfänge des Friedhofs liegen im Jahr 1611. Seit den 1870er-Jahren wird er nicht mehr belegt. Dass Handys, Speisen und Getränke unerwünscht sind und die Wege nicht verlassen werden sollen, versteht sich von selbst. Es lädt auch keine

Bank zum Verweilen ein. Selbst wenn man die Grabinschriften zu entziffern versucht, fängt man hier zwangsläufig an, seinen Gedanken freien Lauf zu lassen.

Einen Großteil der Grabsteine schmücken hebräische Schriftzeichen, und die Übersetzungen im sephardischen Teil ins Portugiesische und Spanische helfen auch nicht jedermann weiter. Da bleibt nur, die besondere Atmosphäre aufzunehmen, innezuhalten. Mit Glück führt

Hin & Weg: S1, S2, S3 Königstraße.

Beste Zeit: Sonntagnachmittag.
Mehr unter www.jüdischer-friedhof-altona.de

Dauer & Strecke: Anfänger 30 Min.,
Fortgeschrittene 1 Std.

Ausrüstung: Männer werden gebeten, eine Kopfbedeckung zu tragen; sie kann auch vor Ort ausgeliehen werden.

eine kleine Katze vor, wie das geht: Sie sitzt gern auf einer uralten zerbrochenen Grabplatte und macht einfach nur gar nichts – auch laut Oscar Wilde die allerschwierigste Beschäftigung überhaupt und zugleich diejenige, die am meisten Geist voraussetzt. Man muss es immer wieder üben. Am besten gleich heute.

FAZIT: DIESER ORT SCHENKT KRAFT UND RUHE, WENN MAN SICH DARAUF EIN- LÄSST. AN JÜDISCHEN UND GESETZLICHEN FEIERTAGEN SOWIE BEI STURM, EIS UND SCHNEE GESCHLOSSEN.

OBERHAFEN-CONNECTION

... auf dem schnellsten Weg nach Entenwerder

#6

Irgendwann wird es nur noch Hamburger geben, die es ganz normal finden, blitz-schnell von der City nach Rothenburgsort zu düsen. Wer noch zu den anderen gehört, kann sich gar nicht genug über den Radweg freuen, der seit 2014 am bis dato unzugänglichen Hafenrand zur Billwerder Bucht führt.

Uns geht's ja gold: Wenn sich die Abendsonne in der gelochten Außenhaut des Pavillons auf dem Ponton bricht, verliebt man sich in Entenwerder (oben). Jenseits der Brücken liegt das Idyll (rechts).

Feierabend and the City – und die Kollegen haben Lust auf etwas Gemeinsames, aber nicht auf Gewühle? Dann ab durch die Mitte ins Idyll! Wer kein Rad dabeihat, findet eines an der Stadtrad-Station Steinstraße/Deichtorplatz. Und nun aber nix wie los auf den Radweg hinter den Deichtorhallen: Er scheint wie geschaffen für alle, die immer wieder »hüpfen und springen und von Hamburg singen«, wenn sie mit dem ICE aus Köln in die Stadt zurückkehren. In erster Linie dient die knapp vier Kilometer lange Promenade allerdings als Hochwasserschutzanlage.

Für schnelle Smartphone-Shots kann man sie hier und da erklimmen. Denn der Weg ist mit Instagram-Klassikern gepflastert, beginnend mit der windschiefen Oberhafenkantine gleich nach Unterquerung der Oberhafenbrücke, gefolgt von der denkmalgeschützten Hammerbrookschleuse, den elegant geschwungenen Markthallen und allerhand Elbbrücken. Wo man am Brandshof die Bille überquert, lohnt eine kleine Zeitreise zur historischen Tankstelle. Das Fünfziger-Jahre-Ensemble liegt nur einen Mini-Abstecher entfernt. Kurz darauf ist bereits die Billhorner Brückenstraße erreicht. Wo der Weg sich gabelt, ist der rechte der richtige. Er lotst im Zickzack unter der Brücke hindurch. Und dann ist man ziemlich plötzlich mitten im Draußen: im Elbpark Entenwerder, wo der Wind mit Pyramidenpappeln spielt. Lange lag die Halbinsel im Dornröschenschlaf; doch seit der Goldene Pavillon des Ponton-Cafés Entenwerder 1 durch die Pappeln funkelt, ist es lebendiger geworden in der Billwerder Bucht – aber die entspannte Atmosphäre ist geblieben. Gut möglich, dass der Feierabend um einiges länger ausfällt als geplant. Und das ist auch gut so, denn der Rückweg im Dunkeln auf die Lichter der City zu ist sogar noch stimmungsvoller als der Hinweg.

FAZIT: KURZE, SCHNELLE SAUSE VON DER CITY INS GRÜNE. AUCH FÜR FAHRRAD-MUFFEL EIN VERGNÜGEN. PERFEKT FÜR EINEN ENTSPANNTEN FEIERABEND MIT LIEBEN LEUTEN.

Hin & Weg: U1 Meßberg.

Beste Zeit: Sommerabend.

Dauer & Strecke: Flott geradelt: 15 Min., der Rest ist Stimmungssache. 4 km mit dem Rad.

Ausrüstung: Rad, Smartphone.

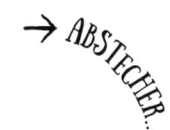
→ ABSTECHER...

PILGERN FÜR VIEL- BESCHÄFTIGTE

... im Stadtpark in Winterhude

#7

Hamburgs Santiago de Compostela liegt in Winterhude. Zum 100. Geburtstag des Stadtparks erdachten die umliegenden Kirchengemeinden einen Pilgerweg durch das große »Freiluft-Volkshaus«: Eine schöne Alternative, wenn der Jakobsweg zeitlich gerade nicht ins Konzept passt.

Der Pilgerweg beginnt etwa hundert Meter von der U-Bahn-Station Borgweg entfernt in der wunderbaren Trinkhalle von 1915. Dort ist eine kostenfreie Broschüre erhältlich, ohne die der Weg nicht zu finden ist, denn eine Beschilderung gibt es nicht.

Was einen genau erwartet, soll hier nicht exakt beschrieben werden – das würde das Unvorhergesehene nehmen, und gerade das macht das Pilgern ja auch irgendwie aus. Darum nur so viel: Der Plan führt einen knapp sechs Kilometer durch den Park. 22 Stationen laden ein, etwas Bestimmtes zu tun, zu überdenken oder einfach nur zu betrachten. Wer den Stadtpark bisher nicht kennt, wird am Ende der Pilgerreise einen umfassenden Überblick gewonnen haben – und garantiert den ein oder anderen Lieblingsplatz. Stadtparkprofis profitieren von neuen Perspektiven, erfahren historische Hintergründe, schwelgen in Erinnerungen und entdecken dabei vielleicht doch noch neue Ecken. Ergänzend zum Plan bietet sich zwischen den Stationen 9 und 10 ein Abstecher auf den Rhododendronpfad an – zumindest

Hin & Weg: U3 Borgweg.

Beste Zeit: April–November.

Dauer & Strecke: Gute 3 Std. und 6 km zu Fuß.

Ausrüstung: Begleitbroschüre, erhältlich in der Trinkhalle (www.trinkhalle-im-stadtpark.de) oder zum Selberausdrucken (www.kirche-hamburg. de/kooperationen/stadtpark-kirchen.html), Kugelschreiber für wichtige Gedanken. Im Sommer Badesachen.

Jede Reise beginnt mit dem ersten Schritt: oben die Trinkhalle im Stadtpark. Links: Auf der Liebesinsel sind die Gartenstühle nicht weiß, sondern rot lackiert und die Aussicht auf den Stadtparksee ist besonders romantisch.

im Mai/Juni, wenn er vor Farben geradezu explodiert. Ganzjährig sei an gleicher Stelle eine Pause im Lesecafé empfohlen (www.lesecafe-amrosengarten.de).

Im Sommer lockt ein Bad im Stadtparksee. Es gibt auch Stationen, die im Winter besser funktionieren, andere sind gerade dann eingemottet. Und wieder andere haben nur zu bestimmten Tageszeiten geöffnet, wie etwa die eingangs erwähnte Trinkhalle.

FAZIT: DER PILGERWEG IST EIN SCHÖNES SOLO-PROJEKT, DA MAN QUASI MIT DEM WEG KOMMUNIZIERT. IM SOMMER IST ER SCHÖNER, IM WINTER DAFÜR LEERER.

Tipp: Wer zu sprichwörtlich unchristlicher Zeit pilgern will, kann sich die Broschüre auch zu Hause ausdrucken (siehe Ausrüstung).

VERWEILE DOCH, DU BIST SO SCHÖN

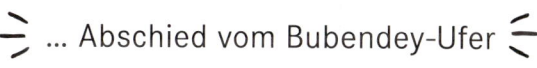 … Abschied vom Bubendey-Ufer

Da der Hafen stets im Wandel ist, darf man sein Herz nicht zu sehr an eine bestimmte Stelle hängen. Gut möglich, dass sie morgen schon verschwunden ist. Das Bubendey-Ufer steht seit Jahren auf der Verschwinde-Liste. Bis es so weit ist, gibt es an der Elbe kaum einen besseren Picknickplatz.

#Waltershof #bedrohtesParadies #Hafenromantik #wannwennnichtjetzt

Kaum zu glauben: Nordeuropas Hauptverkehrsknotenpunkt, betrachtet vom Leuchtturm Waltershof (oben). Zum Bubendey-Ufer bringt man Proviant besser selber mit – hier gibt's kein Lokal, aber jede Menge Schiffsverkehr.

Das Gras steht hoch, Löwenzahnschirmchen schweben durch die Luft, zwei Hafenarbeiter sitzen auf einer Bank unter Bäumen und klicken sich durch die Playlist im Tablet des Älteren, »Ooooh la Paloma Blanca« tönt aus den Boxen und ein gewaltiger Frachter zieht vorüber. Weiter hinten spielt ein Mann Frisbee mit seinem Hund. Es duftet appetitlich, denn einer grillt immer am Bubendey-Ufer. Warum die Atmosphäre an der Lotsenstation See-mannshöfft selbst an den schönsten Sommerabenden familiär bleibt, ist ein Rätsel. Da-

bei taucht die Sonne die schräge Spielwiese viel länger in Licht als die Strände gegenüber und im Viertelstundentakt legt die beliebte Fährlinie 62 an. Manchmal gehen auch tatsächlich ein oder zwei Passagiere von Bord. Meistens aber niemand.

Es ist nur so: Ein Ausflug zum Bubendey-Ufer ist nichts, das auf »irgendwann mal« verschoben werden kann. Die Westerweiterung des Hafens wird das Paradies schlucken, es ist nur eine Frage der Zeit. Als Erstes wird es vermutlich die hundertjährige Pappelallee erwischen.

Es heißt, ein wohlhabender Elbanwohner hätte die Bäume einst pflanzen lassen, weil er den Blick auf die Industrieanlagen nicht ertrug. Noch bilden die rauschenden Kronen an der Flutschutzmauer einen dunkelgrünen Tunnel zum wohl besten Aussichtspunkt mit Blick auf das Eurogate-Terminal. Wie lange noch? Das weiß entweder wirklich niemand oder es will bloß keiner verraten. Fest steht nur: Im Hafen ist nichts für die Ewigkeit. Das hat er mit einem Sommerabend gemeinsam.

FAZIT: SCHRÄGES IDYLL MIT ABLAUF-DATUM. TRÄNE IM KNOPFLOCH DAHER MÖGLICH. BESTER ZEITPUNKT FÜR EIN PICKNICK AM BUBENDEY-UFER: DER NÄCHSTE SOMMERABEND.

Hin & Weg: Fährlinie 62 ab Landungsbrücken bis Anleger Bubendey-Ufer.

Beste Zeit: Ein sanfter Sommerabend.

Dauer: 1–3 Std.

Ausrüstung: Ein Picknick.

NACHTS SIND ALLE SCHWÄNE GRAU

… auch an der Außenalster

#9

Fernsicht, Bellevue, Schöne Aussicht und so weiter. Siebeneinhalb Kilometer um das blaue Herz der Stadt. Tausend Mal spaziert. Es gibt kaum einen beliebteren Wanderweg in Hamburg. Eine Vollmondwanderung bereichert die bekannten Bilder im Kopf um neue Eindrücke.

Die Außenalster gehört zum Kleinen Einmaleins des gemeinen Hamburger Spaziergängers. Auch wer sie schon oft umrundet hat – im Winter, im Sommer, im Regen, laufend, gehend, mit dem Rad –, sticht nicht aus der Masse hervor. Unzählige haben schon mit dem Tretboot den Alstersee gekreuzt, wären fast einmal mit einem Kanu gekentert, haben auf den Alsterwiesen gepicknickt, sich die Beine bei Feuerwerken in den Bauch gestanden und vielleicht einmal auf einer Hochzeitsfeier am Alsterufer bis zum Sonnenaufgang getanzt.

Daher fühlt sich eine Nachtwanderung um die Alster auch sehr heimelig an, egal ob der Vollmond sich auf dem Wasser spiegelt oder ob Wolken den Himmel verdecken. Und gleichzeitig ist es nachts anders: intensiver. Dieser spezielle Alsterduft etwa, oder der Sand, der

laut unter den Schuhen knirscht. Mitten in der City ist es hier manchmal für Minuten so still, dass man es knacken hört, wenn jemand – ein Schwan? – einen Schilfhalm zerbricht.

Teilt man Orte, die man mit Massen verbindet, ausnahmsweise nur mit wenigen, kommen sie einem ganz fremd vor. Es ist ein bisschen wie zu Schulzeiten, wenn die Theater-AG am Wochenende in der leeren Aula probte.

Nachts könnte Hamburg auch Zürich sein, Lugano oder irgendein anderer luxuriöser Ort ganz weit weg. Und irgendwo in China, Japan oder Korea existiert vielleicht ein Reiseführer, der einen Nachtspaziergang um die Alster empfiehlt. Denn asiatische Spaziergänger scheinen eindeutig in der Über-

Ist sie nicht wunderbar? In der Dunkelheit wirken die bekannten Panoramen der Stadt geheimnisvoll und neu. Die Außenalster eignet sich bestens zum Nachtangeln.

zahl. Es ist eine Binsenweisheit, dass es nur eine kleine Änderung im üblichen Einerlei braucht, nur ein winziges Detail, um Gewohntes in etwas Neues zu verwandeln, – aber es ist eine, die sich immer wieder zu vergegenwärtigen lohnt.

> **FAZIT: KLASSISCHER SPAZIERGANG IM NEUEN NACHTGEWAND. ABER VORSICHT: VOLLMOND- WANDERUNGEN KÖNNEN SÜCHTIG MACHEN.**

Hin & Weg: Alle S- & U-Bahnen Hauptbahnhof.

Beste Zeit: Ganzjährig.

Dauer & Strecke: Ca. 2 Std. und 7,5 km zu Fuß.

Ausrüstung: Wanderpartner, für Fotos ein Stativ.

SKYWALK

... Gipfelsturm in Georgswerder

#10

Der Energieberg in Georgswerder faszi-niert mit großartigen Ausblicken auf die Stadt und einem Panoramaweg, der sich so schön in die Kurven legt, dass man sich beim Spazieren selbst ganz windschnittig fühlt. Gleichzeitig mahnt der Besuch zur Auseinandersetzung mit der unrühmlichen Geschichte der einstigen Mülldeponie.

An der Autobahnausfahrt Georgswerder fällt der markante Hügel mit den Windrädern sofort in den Blick. Wer ihn einmal besuchen möchte, sollte das Auto aber lieber stehen lassen und mit der S-Bahn anreisen. Von der Station Veddel liegt er nicht einmal zwei Kilometer entfernt und ist mit Rad oder Bus schnell zu erreichen. Natürlich ist das auch umweltschonender – womit wir beim Thema wären.

Die grasgrüne Landmarke sieht zwar natürlich aus, besteht aber aus sieben Millionen Kubikmetern Kriegstrümmern und Haushaltsschrott. In der Höhe sind das 40 Meter Müll! Der Radius ist gewaltig: Ein Panoramaweg auf Stahlstützen umrundet das Plateau in 900 Metern. Und trotz dieser erschreckenden Ausmaße wäre die ehemalige Deponie Georgswerder nicht der Erwähnung wert, wäre

sie nicht mit Dioxin verseucht. Seit die hochgiftige Mischung Anfang der 1980er-Jahre ins Grundwasser sickerte, muss das Gelände mit aufwendigen Maßnahmen gesichert werden – vermutlich auf alle Zeiten. Ewigkeitskosten nennt man das. Wer tough genug ist, sich damit auseinanderzusetzen, wird an dem Film »Der gebändigte Drache« Gefallen finden. Gezeigt wird er im Infozentrum (kein Eintritt) am

Hin & Weg: S3, S31 bis Veddel und weiter mit dem Rad oder Bus 154 bis Fiskalische Straße.

Beste Zeit: April–Oktober. Öffnungszeiten und mehr unter www.stadtreinigung.hamburg

Dauer & Strecke: 1–2 Std. und ca. 2 km von der Bahn zum Berg.

Ausrüstung: Bei Schönwetter Sonnenhut (Schatten ist Mangelware auf dem Energieberg).

In die kilometerlange königliche Kurve von Georgswerder kann man sich richtig schön reinlegen. Oben: Die Geschichte des Energiebergs wird im Infozentrum am Fuße der Deponie erzählt.

Fuß der ehemaligen Müllhalde, die heute zur Energiegewinnung genutzt wird – denn ja: Es wird versucht, das Beste aus dem Schlimmsten zu machen.

Oberflächlich hat die Natur sogar Räume zurückerobert. Es haben sich Biotope und Brutgebiete entwickelt und es blüht und grünt und piept und quakt an allen Ecken und Enden. Doch natürlich stehen Aufwand und Ertrag in keinem Verhältnis. Und so mäandern die

Gedanken wie der Horizontweg zwischen Faszination und Bestürzung. Der Energieberg ist ein problematischer Ort. Und gerade darum unbedingt einen Besuch wert.

FAZIT: KOSTENLOS, ABER GEWINNBRINGEND: DER HORIZONTWEG BEGEISTERT MIT NEUEN AUSSICHTEN UND DAS INFORMATIONS-ZENTRUM REGT MIT NEUEN EINSICHTEN ZUM NACHDENKEN AN.

IN EINEM LAND VOR UNSERER ZEIT

≳ ... Abstieg in die Liether Kalkgrube ≲

#11

Bei Elmshorn wartet ein nationaler Geotop. Wer würde ahnen, dass es so etwas überhaupt gibt?! Und dann auch noch im Hamburger Speckgürtel. Die Liether Kalkgrube ist eines von landesweit 77 »Gebilden der unbelebten Natur«, die uns die Erdgeschichte erklären.

Und einer so: Quak. Darauf ein anderer: Quak Quak. Stille. Grillenzirpen. Dann bläst der kleine grüne Kerl im Tümpel wieder die Backen auf und lässt die Luft mit einem leidenschaftlichen Tremolo entweichen. Jawohl, dies muss das Wacken der Frösche sein, denn jetzt quakt es aus allen Pfützen und Schilfgürteln der Liether Kalkgrube bei Klein Nordende.

Vor 150 Jahren war dies die tiefste Bohrung der Welt. Heute steht das renaturierte Gelände unter Naturschutz. Auf der Schotterpiste, die hinunter in die Grube führt, fällt als Erstes die Stille auf. Als Zweites die Hitze: Die Luft staut sich in der Sohle beinahe wie in Stuttgart. Selbst Libellen scheinen ihre Kreise langsamer zu ziehen. Am Rand des Nordhangs, der sogenannten Roten Wand, döst eine Herde Bergziegen. Die für Norddeutsch-

land untypischen Landschaftspfleger wirken ebenso bizarr wie die markanten Gipsfelsen am Grund. In der Liether Kalkgrube sind Gesteinsschichten aufgestiegen, die sonst erst ab sechs Kilometern Tiefe zu finden sind. Infotafeln erläutern knapp die Entwicklung des Lebens in den letzten 542 Millionen Jahren. Etwa eine halbe Stunde brüten die ältesten Gesteinsschichten des Norddeutschen

---

Hin & Weg: RE oder NBE nach Elmshorn, von dort ca. 5 km mit dem Rad.

Beste Zeit: Ganzjährig, bei Regen kann es matschig sein. Mehr unter www.lietherkalkgrube.de

Dauer & Strecke: Je eine knappe Std. für An-, Abreise und Aufenthalt. 5 km mit dem Rad.

Ausrüstung: Rad, nach Regenfällen wasserfeste Schuhe.

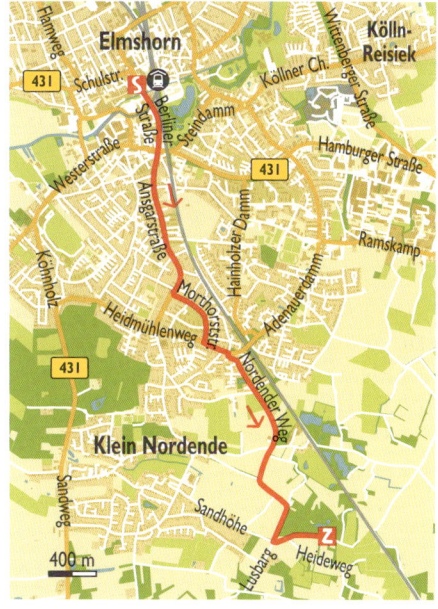

Mit den eiszeitlichen Gletschern kamen die Steine: Findlinge aus Skandinavien. Daneben: Die aus Südafrika stammenden Burenziegen scheinen sich in der Wärme der Kalkgrube ausgesprochen wohlzufühlen.

Tieflandes gottverlassen. Dann taucht eine Familie am Grubenrand auf. Eltern und Kinder machen es richtig und nehmen zunächst den knapp zwei Kilometer langen Panoramaweg. Der Rundweg startet beim Findlingsgarten und führt an dem Gedenkstein zur Tiefbohrung von 1872 vorbei. Hier genießt man nette Aussichten, die Luft ist herrlich kühl und es duftet nach Wald. Aber die Frösche kann man dort oben nicht hören: Und das Beste soll man sich ja immer für den Schluss aufheben.

FAZIT: EIN KLEINES NATURWUNDER FÜR ZWISCHENDURCH. AUCH WER SICH (BISHER) NICHT BRENNEND FÜR STEINE INTERESSIERT, GERÄT IN DER LIETHER KALKGRUBE INS STAUNEN.

DIE AUF DEM WASSER STEHEN

≻ ... Balanceakt in Eppendorf ≺

#12

Wenn zum Feierabend mal wieder alle guten Plätze am Wasser besetzt sind, finden Stand-Up-Paddler noch immer verschwiegene Ecken. Fernab vom Verkehrslärm treiben sie durch dunkelgrüne Kanäle und genießen auf verträumten Teichen und der Außenalster die Abendsonne, während die Ufer längst im Schatten liegen.

Der Gegenverkehr kommt in Form eines Alsterdampfers. Der Trick ist, sich von der Bugwelle nicht beeindrucken zu lassen: Am besten überhaupt nicht nachdenken (wie man auch nicht nachdenken darf, wenn man ein Tablett mit randvollen Gläsern balanciert). So hat es die Trainerin des zweistündigen SUP-Einsteigerkurses erklärt. Ihn zu absolvieren ist keine Bedingung, um ein Board zu leihen. Aber es ist auch nicht schlecht, die Verkehrsregeln auf der Alster zu kennen.

Zu wissen, wie man wendet, bremst oder eben cool bleibt, wenn ein Dampfer naht: Einfach nur das Paddel ins Wasser tauchen und dicht am Board entlangziehen; immer schön am rechten Ufer bleiben; dabei nicht in den gewaltigen Trauerweiden verheddern, die so typisch sind für das Alsterufer. Dann

kann man spielend das Gleichgewicht halten, wenn die Bugwelle das Board ein wenig tanzen lässt. Die leise Befürchtung, man könne die Balance verlieren, gehört beim Stand-Up-Paddling einfach dazu. Im Prinzip wäre es zwar nicht tragisch, ins Wasser zu plumpsen: Die Alster ist kein Eissee und es ist auch kein Problem, sich wieder aufs Board zu hieven, doch man will ja trotzdem lieber oben bleiben – schon aus Prinzip.

Auch wenn es für den Betrachter nicht so aussehen mag, macht Stand-Up-Paddling etwas mit dem Körper. Nicht, dass es besonders anstrengt oder gar auspowert. Nur, dass verkrampfte Büroschultern vollkommen entspannen. Und während man auf seine Bewegung konzentriert durch die Kanäle gleitet, entspannen auch die Gedanken.

Auf den Brettern, die den Hamburger Sommer bedeuten: Eine bestimmte – gar nicht mal so kleine – Facette der Stadt, begreift man erst, wenn man sich aufs Wasser wagt.

Der Abend senkt sich über die Stadt. Grillfeuer werden angezündet. Ein Schwan zieht vorbei. Auf einer Bank flüstern sich zwei Frauen Geheimnisse zu. Es ist Sommer in Hamburg.

FAZIT: DAS YOGA UNTER DEN WASSER-SPORTARTEN. DIE KOSTEN KANN MAN ALS GESCHENK AN SICH SELBST SEHEN.

Hin & Weg: Diverse Verleihstationen, z. B. SUP Club am Isekai (www.supclubhamburg.de), U1+3 Kellinghusenstraße.

Beste Zeit: Sommer.

Dauer: 2 Std.

Ausrüstung: Bade-/Sportbekleidung – und ein Handtuch (nur zur Sicherheit).

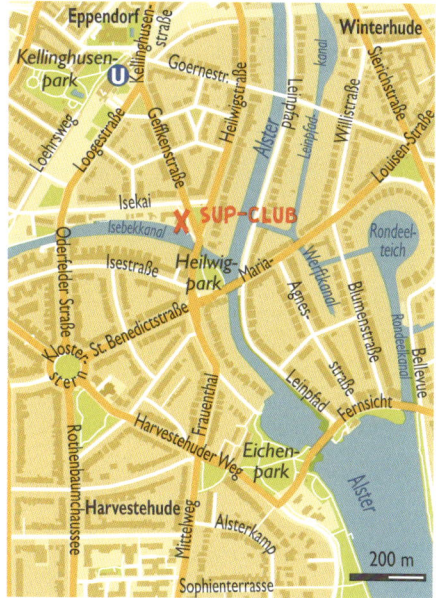

VON TAI-CHI BIS TÜDELBAND

≥ ... urbane Akrobatik im Wohlerspark ≤

#13

Romantische Alleen, sonnengetupfte Wiesen, schattenspendende Bäume, historische Rondelle, schmiedeeiserne Zäune, 291 Grabsteine, 22 Grabgewölbe: das ist der Wohlerspark, heißgeliebte Grünanlage ums Eck, Freiluftzirkus urbaner Akrobaten, Spielplatz der Entspannungsgemeinde.

»Hier ruhen 26 Österreicher, 12 Hannoveraner, 11 Preußen, 2 Sachsen nebst 4 Angehörigen«, steht auf der verwitterten Gedenktafel geschrieben. Direkt daneben chillen geschätzte 100 Hippster, 20 Freundeskreise und 37 Einzelgänger aus der Nachbarschaft. Grabsteine dienen als Fahrradständer, Grabplatten als Bänke. Und das hat überhaupt nichts Pietätloses, sondern viel mehr etwas Entspanntes – ganz wie man sich im Goldenen Dreieck von Schanze, Altona und St. Pauli gern definiert.

Ja, gut, dieser Park ist ein Friedhof. Doch einer, auf dem das Leben zelebriert, der Sommer gefeiert wird – und Paulas siebter Geburtstag unter einer malerischen Trauerbuche, geschmückt mit pastellfarbenen Wimpeln. 1945 fand die letzte Beisetzung auf dem Promifriedhof Norderreihe statt. Gute 30 Jahre später wurde er als Park ausgewiesen – und der avancierte über die Zeit vom Geheimtipp für Yogis und Tai-Chi-Experten zur Lieblingsmanege urbaner Akrobaten.

Durch dichte Hecken abgeschirmt von jeglicher Hektik suchen Slackliner ihre Balance, baumeln Vertikaltuchkünstlerinnen von Bäumen, kicken Freestyler den Hacky Sack und die Jungs und Deerns mit dem Tüdelband (aka LED-Hula-Hoop-Reifen) verschönern die Sommernacht mit Lichtgemälden.

Manchmal kann man den Eindruck bekommen, dass im »Wohli« mehr Feuer-Pois, Flower-Sticks und illuminierte Stageballs jongliert werden als in Goa. Wem das alles gar nichts

Da Slacklines nicht straff gespannt werden, dehnen sie sich unter dem Gewicht der Slacker. Das erfordert jede Menge Konzentration und Koordinationsvermögen. Auch voll im Trend: der gute alte Kopfstand.

sagt, der kann ja einfach mal vorbeikommen und es sich ansehen. Obwohl die Anlage klein und äußerst beliebt ist, bleibt immer auch genügend Spielraum für die klassischen Parkvergnügen wie Laufen, Lesen, Leute beobach- ten. Einzig Fußballer sieht man so gut wie nie. Dafür ist der benachbarte Gählerpark einfach besser geeignet.

Hin & Weg: S11, S21, S31 Holstenstraße.

Beste Zeit: An einem schönen Sommertag.

Dauer: Ein Feierabend lang.

Ausrüstung: Decke, Picknick, Lieblingsleute.

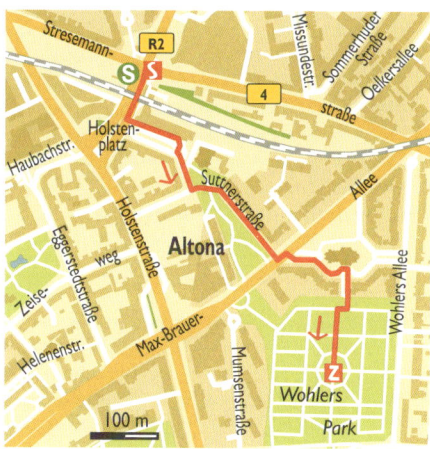

DAS SIND JA FEINE AUSSICHTEN

... Höhenwanderung im Waldpark Falkenstein

#14 Vor 200 Jahren ließ der Reeder und Kaufmann Godeffroy eine karge Heide- und Moorlandschaft westlich von Blankenese massiv aufforsten. Rund 100 Jahre später entstand hier ein Spazierweg der Extraklasse: der Elbhöhenweg. Unter Seeleuten war Godeffroy als »White Falcon« bekannt – so kam der Waldpark Falkenstein zu seinem Namen.

Prächtige Villen. Weiße Reetdach-Anwesen. Riesige, riesige Gärten. Kiefernduft. Und wie die Sonne auf dem Wasser glitzert! In Falkenstein erwischen einen immer Urlaubsgefühle. Je nach Lichteinfall glaubt man sich auf einer bestimmten Nordseeinsel, oder in Südeuropa. Eines der wenigen zugänglichen Grundstücke ist das Puppenmuseum Falkenstein, eine

Serpentinen, Traumvillen mit Inselblick, Baumriesen und Heidelandschaften, der Tafelberg, ein Amphitheater im Römischen Garten: Auf dem Elbhöhenweg kommt automatisch Urlaubsstimmung auf.

Bauhaus-Schönheit hoch über der Elbe. Hier beginnt ein besonders wunderbarer Abschnitt des Elbhöhenweges.

Obwohl nur rund vier Kilometer lang, ist die Wanderung nach Blankenese City nicht ganz ohne. Die erste Anstrengung besteht darin, sich von der phänomenalen Aussicht loszurei-ßen. Und das ist erst der Anfang.

Im angrenzenden Sven-Simon-Park geht es nämlich ganz schön auf und ab für norddeut-sche Verhältnisse. Nicht überall ist der Elb-höhenweg spitzenmäßig ausgeschildert. In den Wintermonaten lässt sich gut erkennen, welcher Pfad weiter am Hang verläuft und welcher hinunter zur Elbe führt. Im Sommer kann dichtes Blattwerk schon mal verwirren. Es kann allerdings nichts weiter passieren, als dass man sich unten am Strand wiederfindet. Und da gibt es ja Schlimmeres auf der Welt. Bleibt man oben, wechseln steile Pfade mit ebenen Wegstrecken.

Zum Teil führen uralte Treppen mit eisernen Geländern zu Aussichtsplätzen, Ruhebänke laden zum Pausieren mit Elbblick ein. Ein letztes Mal kann der hinter den Thuja-Hecken des Römischen Gartens genossen werden, 128 Stufen oberhalb des Strandes von Blan-kenese.

Der Weg quert die Anlage mit Toskana-Feeling, um sich jenseits der Holzbrücke noch einmal in den Wald zu schlängeln – direkt bis zur Bus-haltestelle Elbhöhenweg. Hier nehmen höchst zufriedene Wanderer die legendäre Bergziege,

die Linie 48, zur S-Bahn-Station Blankenese, oder schlendern noch auf ein Fischbrötchen den Strandweg hinunter.

FAZIT: DIESER WEG WIRD KEIN LEICHTER SEIN. ABER UNVERGLEICHLICH SCHÖN. AUCH ALS RUNDWEG MÖGLICH: ZURÜCK GEHT'S DANN ENTSPANNT AM STRAND ENTLANG.

Hin & Weg: S1, S11 Blankenese, weiter mit Bus 189 bis Tinsdaler Kirchenweg.

Beste Zeit: Ganzjährig, nur nicht unbedingt bei Blitz-eis oder Hochsommerhitze.

Dauer & Strecke: 1,5–2 Std. und knapp 5 km.

Ausrüstung: Gefüllte Trinkflasche.

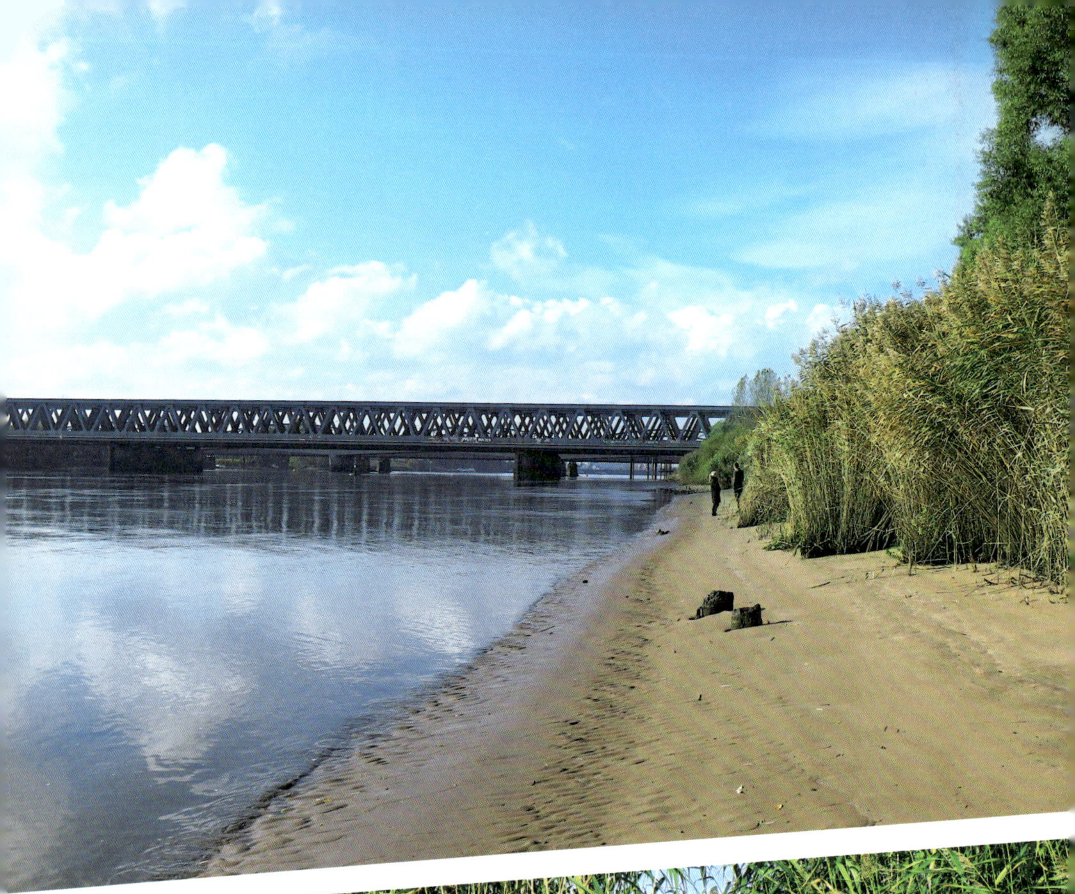
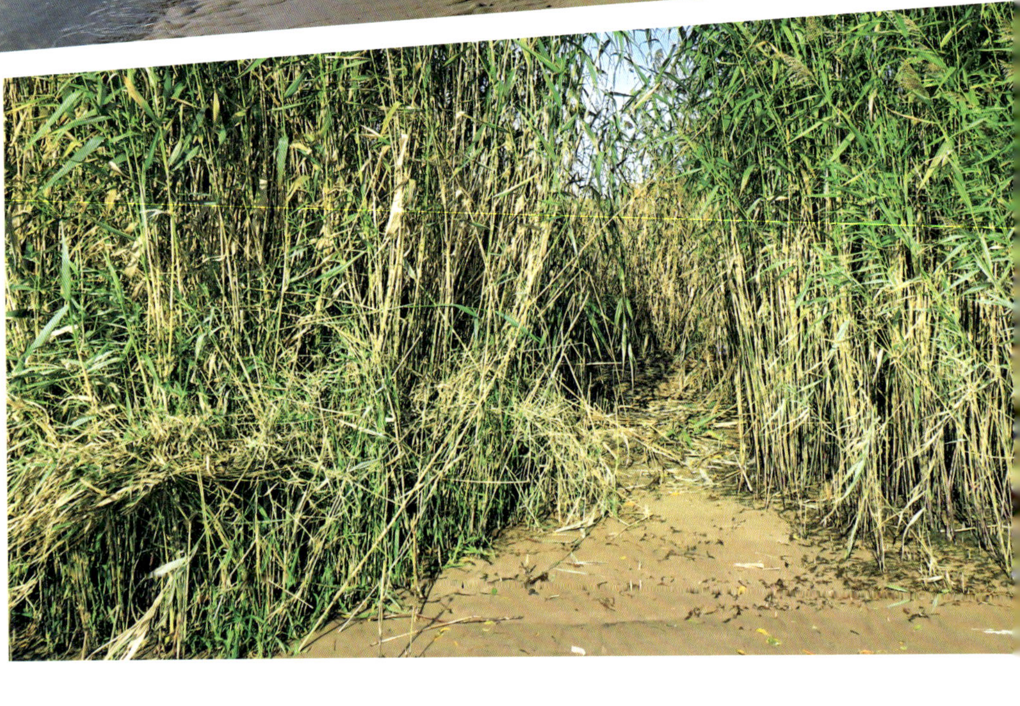

WESTEN-TASCHEN-WILDNIS

⊰ ... Strandinspektion am Finkenrieker Hauptdeich ⊱

#15

Auf Deutschlands größter Binneninsel ist alles auf die eine oder andere Art begrenzt. Durchschnitten von Autobahnen, gespickt mit Industrie, umschlossen von der Elbe finden sich aber auch kostbare Naturschätzchen in Wilhelmsburg, wild wie der Stadtteil selbst. Etwa der Elbstrand am Finkenrieker Hauptdeich.

Sonntag. Hamburg. Herbst. Sonnenschein. Vier Dinge, die nicht gerade häufig zusammentreffen. An Tagen wie diesen zieht es viele ans Wasser. Es könnte immerhin der letzte Lichtblick des Jahres sein. Wer nicht unbedingt dahin möchte, wo alle anderen sind, ist im größten Stadtteil Hamburgs richtig. In Wilhelmsburg ist es nämlich schön ruhig. Wer es noch nicht weiß: Die S-Bahn braucht gerade einmal neun Minuten vom Hauptbahnhof (links) Im Sommer kommt manchmal ein Eiswagen vorbei. Im Herbst durchaus auch mal niemand.

(rechts) Die letzte Eisenfachwerkbrücke Hamburgs war die erste feste Querung über die Süderelbe.

hierher, weitere neun der Bus zum Friedhof Finkenriek. Gleich dahinter liegen Deich, Strand und Elbe. Hier ist es längst nicht so überlaufen wie an den gefälligeren Spots entlang der Elbchaussee. Allerdings locken auch keine Beach-Clubs, keine Bars, keine Restaurants, nicht einmal ein Kiosk. Einzig die großzügig aufgestellten Abfalleimer verraten, dass an der »Costa Finka« auch Halligalli stattfinden kann.

In warmen Sommernächten kommt fast schon New-York-Feeling auf beim Dreiklang aus Sprachgemisch, Hip-Hop-Beats und Quietschen der S-Bahn-Bremsen von den nahegelegenen Brücken. Gleich drei überspannen hier die Elbe – darunter die letzte Portalbrücke Hamburgs. Sie ist allein schon den Ausflug zum Finkenriek wert.

Seit einigen Jahren ist die filigrane Eisenfachwerkkonstruktion Fußgängern und Fahrradfahrern vorbehalten. Und es gibt durchaus Menschen, die meinen, es gehöre zu einem erfüllten Hamburger Leben dazu, einmal durch die mächtigen Sandsteinportale rüber nach Harburg zu schlendern, und wieder zurück an den Wilhelmsburger Strand. Dort teilt mannshohes Schilf den Ufersaum in sandige Separees. Hin und wieder tuckert ein Binnenschiff vorbei, feuert ein Steuermann seinen Achter an, rattert ein Zug über die Brücke. Und in den Bäumen wispert der Wind.

Hin & Weg: S3, S31 nach Wilhelmsburg, Bus 152 zum Weidendamm. Quer über den Friedhof Finkenriek sind es zum Deich etwa 800 m.

Beste Zeit: Ganzjährig, besonders schön in warmen Sommernächten.

Dauer: 1 Std. bis 1 Tag.

Ausrüstung: Decken & Drinks.

PLEASED TO MEET YOU

≥ ... im Hirschpark in Nienstedten ≤

#16 Wenn der Vorfrühling dem Winter auf die Schulter tippt, sind die großen Gärten der Elbvororte eine feine Sache – selbst ohne Blätter und Blumen. Anglophile fühlen sich wie zu Besuch beim britischen Landadel. Dafür hatten Hamburger schon immer ein Faible. Genau wie für den Hirschpark in Nienstedten.

Vom Bahnhof Blankenese geht es eine Viertelstunde zu Fuß die Dockenhudener Straße und Elbchaussee hinunter zum einstigen Anwesen des Kaufmanns Godeffroy. Die Familie ließ das Landgut nach angelsächsischem Vorbild gestalten: mit geschwungenen Rasenflächen, malerischen Baumgruppen und verzweigten Wegen. In den 1920er-Jahren wurde der Besitz in einen öffentlichen Park umgewandelt und eroberte die Herzen der Hamburger im Sturm. Die Baumriesen rund um das klassizistische Herrenhaus sind um Generationen älter: Über 200 Jahre Gartenkunst bildet der Hirschpark ab; seit 2003 steht er unter Denkmalschutz.

Pfauen locken ihre Bewunderer über verschlungene Pfade, durch Rhododendrenhaine

und weite Wiesen zum Hirschgatter, nach dem der Park benannt wurde. Dort drücken sich Kinder an den Zaun, seltsam gesittet und still. »Pssst, die Rehe könnten sich erschrecken!« Im Hirschpark mag man sich eben benehmen. Man möchte durch die vierreihige Lindenallee lieber schreiten als gehen, auf den Ruhebänken am Teich etwas von Jane Austen lesen, im ehemaligen Kavaliershaus, dem Witthüs, russischen Rauchtee zu sich nehmen.

Selbst Wolfgang Borchert klingt so ungeheuer romantisch, wie ihn die Infotafel am historischen Aussichtsbalkon zitiert: »Um uns Blankenese. Über uns der Himmel. Unter uns die Elbe. Und wir: Mitten drin!« Im Original klingt das doch etwas rauer. Auch die Kinder vom Hirschgatter legen ihre feinen

Das Landhaus der Godeffroys dient heute als Ballettschule. Wegen der Tiere im Wildgehege und der tollen Kletter-bäume lieben gerade Kinder den Hirschpark.

Manieren ab, wenn sie erst einmal den Spiel-platz entdecken. Da toben und kreischen sie, wie es sich für kleine Hafenstädter gehört.

Im Café-Restaurant Witthüs (www.witthues.com) heißt der Renner übrigens immer noch »Qualle auf Sand«.

FAZIT: CONTENANCE TRIFFT LEIDENSCHAFT: KINDER KÄMPFEN UM DIE BESTE SICHT AUF DAMWILD, RENTIERE UND PFAUEN, ERWACH-SENE UM DIE LIEBLINGSBANK MIT ELBBLICK.

Hin & Weg: S1 und S11 oder MetroBus 1 bis Blankenese.

Beste Zeit: Ganzjährig, im Mai + Juni blüht es am schönsten.

Dauer: 1–2 Std.

Ausrüstung: Kastanien und Möhren für die Tiere.

SCHAU AUF DIESE STADT

 ... durch die Bullaugen der Hauptkirche St. Petri

In der äußersten Spitze des Kirchturms von St. Petri versteckt sich eine winzige Kammer mit riesengroßer Aussicht – 123 Meter über der Stadt. Wer hinaufwill, muss 544 Stufen bewältigen und sollte möglichst nicht unter Höhenangst leiden. Einen Fahrstuhl gibt es nicht.

Schon auf der ersten Wendeltreppe geht einigen Turmbesteigern die Puste aus. Wenn sie die Schatzkammer von St. Petri nach 111 Stufen erreichen, benötigen nicht wenige eine Pause. Und viele lassen es danach deutlich ruhiger angehen. Die Treppen schweben von nun an frei im Raum. Das ist keine große Sache, solange nach 30 bis 40 Stufen ein Zwischenboden folgt. Doch dann werden die Abstände zwischen den Etagen größer, die Leere unter den Füßen respekteinflößender. Nach 298 Stufen lässt das Geländer höchstens noch los, wer sich den Schweiß von der Stirn wischen muss. Unter der Kupfereindeckung staut sich die Wärme wie in einem ausgebuchten Step-Aerobic-Kurs. Nicht umsonst empfiehlt das Personal des Petri-Shops, die Jacken im Schließfach zu deponieren. Im Win-

ter ist das Kirchturmklima sicher angenehm. Vom ersten Boden mit Bullaugenfenstern – 330 Stufen über der Alster – gleicht die Stadt schon längst ihrer Replik im Miniaturwunderland. Spuren an den Scheiben verraten, dass sich hier Etliche die Nasen plattgedrückt haben: Verständlich angesichts der grandiosen Aussicht. Fotografen allerdings wünschen sich ein Fläschchen Glasreiniger. Manche Besucher lassen es nach dem ersten Panoramaraum gut sein. Der folgende ist deutlich weniger frequentiert. Den dritten erreicht höchstens noch die Hälfte. Dabei lohnt es sich, auch die letzte Wendeltreppe zu bezwingen. Sie dreht sich 120 Stufen in die äußerste Kirchturmspitze. In der kleinen Kammer über der Falltür finden gerade noch drei Klappstühle Platz. Dort ist es sehr still. Sehr weit weg von

Viel besser als Drohnenbilder: Während des Aufstiegs verwandelt sich Hamburg in eine Spielzeugstadt. Nach 177 Stufen sind die großen Glocken erreicht, die Stundenglocke hängt noch 41 Schritte höher.

allem. Hamburg scheint großstädtischer aus dieser Perspektive, aber auch grüner, vertraut und unbekannt zugleich. In den Gesichtern derer, die es ganz nach oben geschafft haben, spiegeln sich Anstrengung, Freude, Staunen – und ein Quäntchen Panik.

FAZIT: EIN MIKROABENTEUER FÜR DIE MITTAGS- ODER SHOPPINGPAUSE. DER AUFSTIEG ERFOLGT AUF EIGENE GEFAHR (KEIN SCHERZ: MAN MUSS ES QUITTIEREN!).

Hin & Weg: U3 Rathaus.

Beste Zeit: Ganzjährig, optimal: ein klarer Wintertag. Öffnungszeiten unter www.sankt-petri.de

Dauer & Strecke: 60 Min., 544 Stufen.

Ausrüstung: etwas Bargeld, Brillenputztücher (für die Bullaugen).

VON UR-PFERDCHEN UND ANGLER-FISCHEN

≥ ... Exkursionen in die Uni-Museen ≤

#18

Lust auf Natur, aber wieder mal Schietwetter angesagt? Die Sammlungen der Universität Hamburg sind auf jeden Fall besser als Stubenhocken. Kostenlos, drinnen und nur Minutenspaziergänge voneinander entfernt, zaubern sie Farben in jeden noch so grauen Wintertag.

#Grindelviertel #Schietwetter #umsonstunddrinnen #zeichnen #fotografieren

Von den Tropen bis zur Wüste: der Rundgang in den Schaugewächshäusern führt durch die Klimazonen der Erde. Auf der anderen Seite der Unterführung gelegen befindet sich das Zoologische Museum, das über 10 Millionen Exponate archiviert.

durch die Schauräume zu schlendern ist nah dran am Traum einer Nacht im Museum. Lebendiger geht es nach einem kurzen Spaziergang die Bundesstraße hinunter zu: Im Zoologischen Museum am Martin-Luther-King-Platz locken präparierte Affen, Antilopen und Antje, das Hamburger Walross, eigentlich immer Besucher an. Großeltern und Enkel erkunden die Welt der Wale, Schüler und Studenten gruseln sich vor Anglerfischen mit Gesichtern wie Orks, Hobbyzeichner und Fotografen lassen sich von Taranteln inspirieren.

Vor dem Besuch der Häuser des Centrums für Naturkunde ist es ratsam, das Internet zu befragen. Sie sind an wechselnden Tagen und zu unterschiedlichen Zeiten geöffnet. Die kunterbunten Funkelsteine des Mineralogischen Museums zum Beispiel können nur am Mittwoch und Sonntag besucht werden.

Rüttelt man dort vergebens an der Tür, liegt die nächste Möglichkeit sich aufzuwärmen

Graupelschauer stellen nicht gerade jedermanns Lieblingswetter dar. Aber für diesen Ausflug ist das egal. Und würde es aus Fässern schütten, würde es donnern, blitzen oder ein Eissturm durch die Straßen fegen, im Geologisch-Paläontologischen Museum bekäme man nichts davon mit.

Es herrscht geradezu Grabesstille im Untergeschoss des Geomatikums mit seinen 100 000 Exponaten, Fossilien und Plastiken seltsamer Lebewesen aus vergangenen Zeiten. Hier gibt es zum Beispiel einen 3,50 Meter großen Höhlenbären und einen Riesenhirsch, dessen Geweih eine Spannweite von vier Metern aufweist! Urpferdchen hingegen waren winzig klein. Ausgestorben sind sie alle. Genau wie das Museum. Aber gerade das macht die mystische Stimmung aus. Ganz allein

Hin & Weg: U2, U3 Schlump oder MetroBusse 4, 5 bis Grindelhof / Dammtor.

Beste Zeit: Winter, Öffnungszeiten des Museums unter www.cenak.uni-hamburg.de Für Informationen zu Planten un Blomen: www.plantenunblomen.hamburg.de

Dauer & Strecke: Pro Sammlung etwa 30 Min. bis 2 Std.

Ausrüstung: Wer kreativ sein mag, bringt Kamera oder Skizzenblock mit.

Morphofalter

jenseits der Unterführung des Dammtor-Bahnhofs. In den Schaugewächshäusern des Botanischen Gartens ragt ein Urwald 13 Meter in die Höhe. Dort stoßen feuchtglänzende Palmenblätter an die kühne Glaskonstruktion des Tropenhauses.

Das sieht wunderschön aus, gerade wenn Schneeregen gegen die Scheiben klatscht. Jedenfalls wenn man im feuchtwarmen Dschungel von Planten un Blomen sitzt.

FAZIT: ES GIBT KEIN SCHLECHTES WETTER, SONDERN NUR SCHLECHTE MUSEEN. DIE DER UNI SIND GUT! UND DAS GRINDEL-VIERTEL TOPPT ALLE MUSEUMSCAFÉS UND –SHOPS.

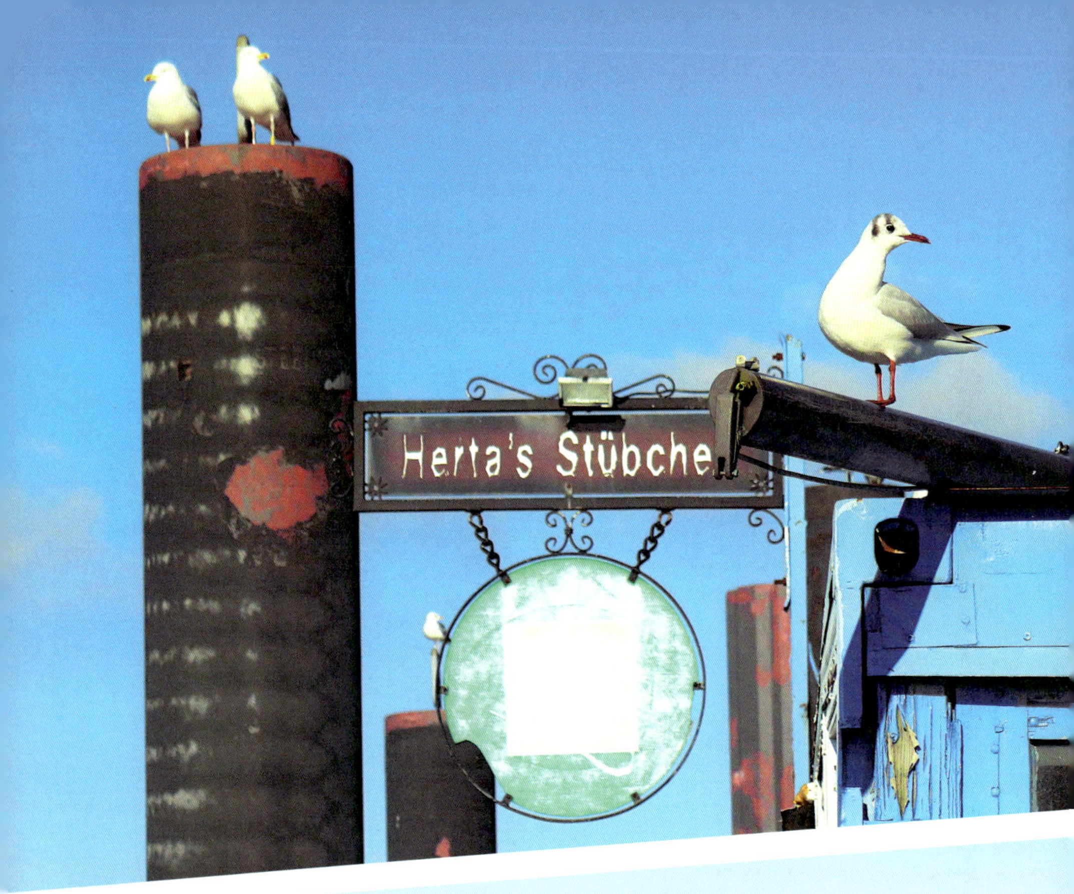
Herta's Stübche

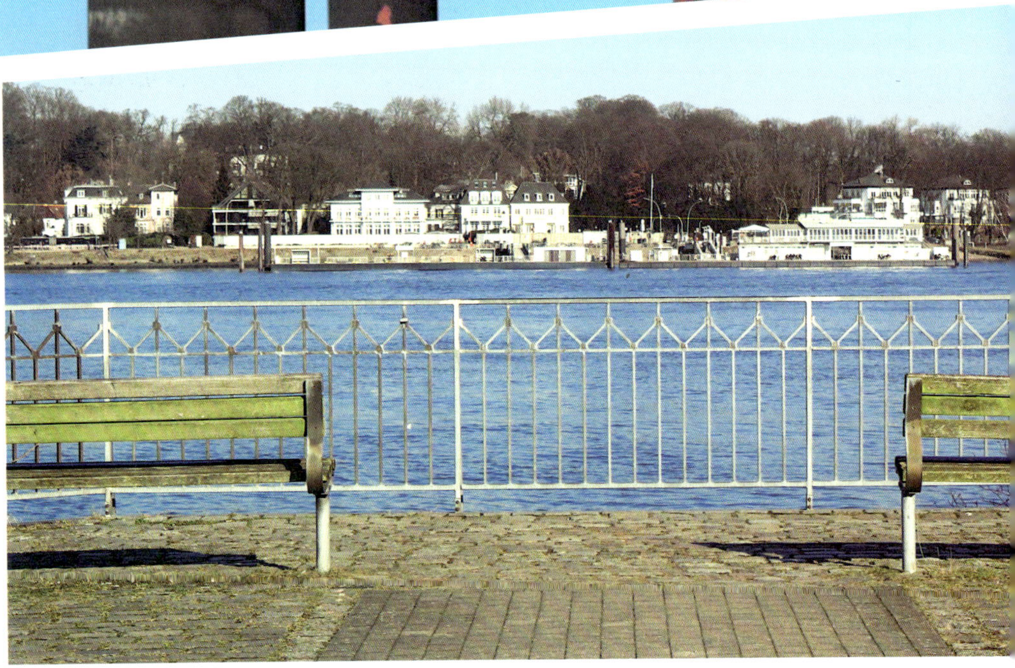

VIS-À-VIS DER ELB-CHAUSSEE

⋛ ... Plane- & Shipspotting in Finkenwerder ⋛

#19 *Spatzengezwitscher, Rotklinker und das Gefühl von Kleinstadtkindheit einerseits, Airbus andererseits. Von einem zum anderen führt in Finkenwerder ein knapp sechs Kilometer langer Spazierweg – immer an der Wasserkante entlang und mit bestem Blick auf die Parks und Villen der Elbchaussee.*

Zu den (zugegeben überschaubaren) Hamburger Winterfreuden gehören eisblaue Tage, an denen die Hadag-Dampfer ausnahmsweise mal nicht vor Touristen überquellen. Damit macht dieser Ausflug schon glücklich, bevor man in Finkenwerder festmacht. Am Anleger geht es rechterhand nach einem kurzen Schlenker über den Fockweg in den Gorch-Fock-Park. Im Sommer lockt hier das wohl schönste Freibad Hamburgs. Im Winter geben die ansonsten blickdichten Parks auf der anderen Elbseite die Geheimnisse ihrer Villen preis – und das ist ja auch mal ganz spannend.

Um auf die Rüschhalbinsel zu gelangen, muss man den Steendiekkanal umrunden. Er ist die gefühlte Grenze zwischen altem und neuem Finkenwerder. Diesseits dümpeln ausgemusterte Passagierschiffe, Segelboote und Ausflugsdampfer im Wasser. Jenseits schießen

seit einigen Jahren Gebäude in die Höhe wie sonst nur in der Hafencity.

Wo sich Airbus, Zulieferer & Co. ausbreiten, befand sich früher die Deutsche Werft, ein klassisches Kriegsgewinnler-Unternehmen, das für den U-Boot-Bau unter anderem KZ-Insassen aus Neuengamme missbrauchte. Gedenktafeln geben Hintergrundinfos zu diesen unmenschlichen Zeiten und dem organisierten Sterben von mindestens 50 000 Zwangsarbeitern.

Hin & Weg: Hadag-Linie 62 ab Landungsbrücken bis Finkenwerder, zurück ab Rüschpark.

Beste Zeit: Im Winter.

Dauer & Strecke: 2 Std. zzgl. Fährfahrt. Etwa 6 km Spaziergang.

Ausrüstung: Kamera.

(links) Jenseits des Steendiekkanals geht es auf die Rüschhalbinsel.

(rechts) Eine Adresse an der Elbchaussee macht sich gut auf der Visitenkarte – die bessere Aussicht gibt's aber in Finkenwerder.

Die Werftanlagen wurden in die Planung des Rüschparks einbezogen: etwa der zu einem Mahnmal umgestaltete U-Boot-Bunker Fink II und alte Schiffsbauplätze, sogenannte Helgen, die wie Aussichtsplattformen in die Elbe hineinragen; sie sind das Dorado der Herren mit den Monster-Objektiven. Regelmäßig können sie hier das Heldenfoto schießen: Airbus Beluga überfliegt Ozeanriesen. Die Shipspotter geben in der Regel gern Auskunft, wann der nächste Gigant zu erwarten ist. Dann lohnt es sich, den roten Aussichtsturm am westlichen Inselende zu erklimmen. Da sind die Schiffe wirklich zum Greifen nah. Und praktischerweise hat man auch die Fähre zurück nach Finkenwerder gut im Blick – wenn sie in Teufelsbrück ablegt, bleibt von hier aus exakt soviel Zeit, um sie am Anleger Rüschpark zu erwischen.

FAZIT: EIN SPANNENDER SPAZIERGANG, NUR SELTEN ÜBERLAUFEN. BESONDERS ZU EMPFEHLEN, WENN KLARES LICHT DIE ELBE IN SZENE SETZT.

ALLERLEI-RAUH

> ... Rundwanderung im Wittmoor <

#20

Moore sind die (Märchen-)Wölfe unter den Landschaftsformen. Gleichermaßen respekteinflößend wie schutzbedürftig, umrankt von Schauergeschichten und Legenden. Auch vom Wittmoor, dem weißen Moor in Hamburgs Norden, geht ein besonderer Zauber aus.

Wenn man nun also beim Fotografieren einen falschen Schritt machte, sich nur ein wenig weiter hervorwagte auf dem federnden Boden, würde man dann rettungslos versinken? Verschluckt und konserviert für alle Zeiten? Oder gehört diese Vorstellung in die gleiche Kategorie wie Irrlichter und Gespenster?

Immerhin: Ein Bohlenweg aus der Römerzeit lag 1600 Jahre unter Torf begraben, bis das Wittmoor ihn 1904 wieder freigab – erstaunlich gut erhalten.

Sicherer ist es auf dem Damm der alten Förderbahn in jedem Fall. Es ist ohnehin besser für Pflanzen und Tiere, wenn Wanderer auf ihren Wegen bleiben. Auch nimmt es dem großen See nichts von seiner Mystik. Wollgras und Sträucher sind heute von Raureif

überzogen. Es wirkt aus der Ferne, als würden Nebelschwaden zwischen den Birken wabern. Dass die Bäume absterben, ist ein gutes Zeichen: Das Wittmor erholt sich allmählich. Wenige Jahrzehnte Entwässerung und Torfabbau hatten gereicht, um das letzte Hochmoor im Hamburger Norden stark zu schädigen. 1978 wurde es unter Naturschutz gestellt. Seitdem

---

Hin & Weg: U 1 Ochsenzoll, Bus 7550 bis Glashütte Hofweg.

Beste Zeit: Moor geht immer.

Dauer & Strecke: Eine knappe Stunde für die kleine Runde (knapp 4 km), zwei gute für die große (etwa 10 km). Mehr unter www.hamburg.de/wittmoor

Ausrüstung: Gummistiefel statt Sonntagsschuhe, besonders nach Regenfällen. Evtl. Verpflegung, auf jeden Fall etwas zu trinken.

Fieberklee und Sumpfblutauge, Sonnentau und Teufelsabbiss – die Vegetationsliste klingt wie eine Gruselgeschichte. Wer sich in extrem näherstoffarmem Lebensraum behaupten möchte, braucht wohl Zauberkräfte.

führt ein Rundweg vom Wald auf weite Heideflächen. Zwischen Wiesen, Weiden und Pferdekoppeln schlendern vereinzelt Spaziergänger, saust ab und zu ein Mountainbiker vorbei, tauchen gelegentlich Reiter in der Ferne auf.

Auf besonders malerisch gelegenen Bänken sitzen zufriedene »Auskenner«. Sie haben vorsorglich Butterbrote und Getränke im Gepäck. Eine Einkehrmöglichkeit gibt es im Wittmoor nämlich nicht.

FAZIT: WUNDERBAR STILLER RUNDWANDERWEG DURCH WALD, MOOR UND HEIDE, DEN MAN GERN LANGSAM GEHEN MAG. AM SCHÖNSTEN, WENN ANDERE NOCH BEIM SONNTAGSFRÜHSTÜCK SITZEN.

2. KAPITEL
AUSFLÜGE

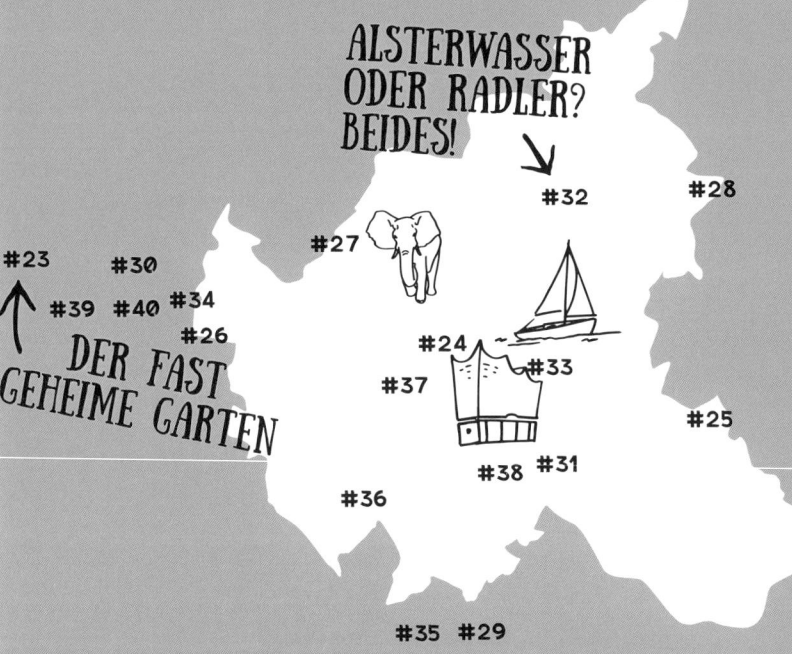

ALSTERWASSER ODER RADLER? BEIDES!

#32

#28

#27

#23

#30

#39 #40 #34

#26

DER FAST GEHEIME GARTEN

#24

#33

#37

#25

#38 #31

#36

#22

#21

#35 #29

FRÜHLINGSFREIHEIT

Raus für einen Tag

Sich vom Blütenregen die Sinne vernebeln lassen, im Windschatten von Ozeandampfern wandern oder die Kältewellen eines Flüsschens meistern – jedes Wetter ist Ausflugswetter.

12 H

SIE SIND WIEDER DA

>‒ ... am Hohen Elbufer ‒<

#21

200 Jahre galten Biber in der Gegend als ausgestorben. Doch seit einigen Jahren sind die Spuren der Deich- und Burgen-bauer wieder unübersehbar. Baumstämme, abgenagt in der charakteristischen Sanduhrform, pflastern die Wanderwege im Naturschutzgebiet »Hohes Elbufer zwischen Lauenburg und Tesperhude«.

Ein Himmel wie Milchsuppe. Mit Haut obendrauf. Wer will da nicht auf dem Sofa bleiben, wenn der Winter lang war und man farblose Landschaften gründlich satthat? Es ist trotzdem eine gute Idee, sich für diesen Ausflug zu verabreden – auch wenn die Miene der Begleitung vom ZOB bis nach Lauenburg ebenso sauertöpfisch bleibt wie die eigene. Eine

(links) Reich verzierte Fachwerkhäuser aus vier Jahrhunderten reihen sich an der Lauenburger Elbstraße zu einem architektonischen Kunstwerk.

(rechts) »Der Rufer über den Strom« am Dampferanlegeplatz steht für 700 Jahre Elbschiffertradition in Lauenburg.

ganze Stunde lang. Doch dann geht es auf der steilen Aventistreppe vom Fürstenpark zur Altstadt hinunter, wo sich windschiefe Fachwerkperlen aneinanderschmiegen wie sonst nur in der Winkelgasse.

Man darf zwar außerhalb der Saison nicht erwarten, vor 10 Uhr einen Kaffee zu ergattern, doch das Ziel ist ja ohnehin der Weg: der durch das Naturschutzgebiet Hohes Elbufer.

Elbabwärts, gleich hinter den letzten Häusern der Uferpromenade, wuchert ein idyllischer Auenwald. Ganz wild und unordentlich darf die Natur hier sein. Am Gasthof Sandkrug markiert ein Biber aus Bronze den zwei Kilometer langen Biberpfad. Das zeigen nicht nur Infotafeln, sondern auch jede Menge abgenagter Baumrinden und gefällter Baumstämme. Biber tatsächlich zu entdecken wäre ein Glücksfall. Die Tiere sind ungeheuer wachsam und scheu, machen beim leisesten Laut die Biberrutsche, verschwinden blitzschnell im Wasser oder in ihren Burgen.

So richtet sich die Aufmerksamkeit auf Enten und Schwäne und das Tok-tok-tok strebsamer Spechte. Gänse überfliegen trollartige Kiefern. Raubvögel turteln in den Bäumen. Ein Reiher schnappt sich einen Fisch. Singvögel weisen lautstark darauf hin, dass sie zurückgekehrt sind. Und mit ihnen, auch wenn man es nur spürt und nicht sieht, ist der Frühling wieder da. Endlich.

FAZIT: TOLLE WANDERUNG AM ELBUFER, ETWA ZWÖLF KILOMETER LANG. ABSTECHER AUF DIE HÄNGE ERHÖHEN DAS ERGEBNIS AUF DEM SCHRITTZÄHLER UND BELOHNEN MIT WUNDERSCHÖNEN AUSBLICKEN.

Hin & Weg: VHH-Buslinie 31 ab ZOB bis ZOB Lauenburg. Zurück mit Bus 8800 von Tesperhude Strandweg nach Bergedorf, weiter mit RE, S2, S21.

Beste Zeit: April–September (dann gibt's auch Kaffee, Kuchen & Konsorten).

Dauer: Klassischer Tagesausflug, etwa 12 km.

Ausrüstung: Festes Schuhwerk; bei Hochwasser kann es matschig werden.

WALD-MEISTERLICH

≥ ... auf Spurensuche im Sachsenwald ≤

#22

Bismarckquelle. Bismarcksäule. Bismarckmausoleum. Bismarckturm. In Friedrichsruh kommt man um den Reichskanzler nicht herum. Einen Plan braucht es nicht, um auf seinen Spuren zu wandeln – nur ein S-Bahn-Ticket nach Aumühle. Von dort ist der Weg nach Friedrichsruh ausgeschildert.

#Waldeslust #GroßundKlein #Schmetterlingsgarten #Eisenbahnromantik

In Aumühle stolpert man vom Bahnsteig direkt in das größte Waldgebiet Schleswig-Holsteins. Den Sachsenwald bekam Otto von Bismarck einst vom Kaiser geschenkt; er machte ihn zu seinem Refugium. Als erklärter Eisenbahnfan wäre er sicher angetan gewesen vom kosten-freien Eisenbahnmuseum Lokschuppen, das schon bald rechter Hand auftaucht. Hier klet-tern Kinder und Eltern mit gleicher Begeiste-rung auf historische Lokführerhäuschen und in altmodische Speisewagen. Unterhalb des Geländes schlängelt sich die Schwarze Au zum

In einem Mausoleum auf einer Anhöhe ruht Bismarck mit Blick auf sein Anwesen. Das schlossartig umgebaute Gasthaus befindet sich bis heute in Familienbesitz und ist der Öffentlichkeit nicht zugänglich.

Schlossteich. Wo früher fürstliche Gewächshäuser zu finden waren, betreibt die Familie Bismarck heute einen Schmetterlingsgarten. Von hier ist es nicht mehr weit zur Dauerausstellung der Otto-von-Bismarck-Stiftung im ehemaligen Bahnhofsgebäude: für die Wintermonate merken!

Genau wie das Museum im Landhaus. Das Mausoleum im romanischen Stil liegt oberhalb des Bahnüberganges und bietet einen herrlich weiten Blick über den Wald. Von dort sieht man Familien entlang der Schlossmauer zum alten Forsthaus Friedrichsruh spazieren.

Schon seit 140 Jahren pausieren Ausflügler in dem denkmalgeschützten Lokal – bei Sonnenschein im idyllischen Garten, bei Schmuddelwetter am knisternden Kamin. Im Foyer liegen Wegbeschreibungen für Wanderungen unterschiedlicher Länge aus; sie tragen so schöne Namen wie Schlangenweg, Königsweg oder Eisvogelweg. Der letztgenannte führt zur Bismarckquelle. Man merkt schnell: Ein Sonntag reicht nicht, um allen Spuren Bismarcks zu folgen.

FAZIT: MAIGRÜN IM FRÜHLING. SCHATTENSPENDER IM SOMMER. BUNTES LAUB IM HERBST UND IM WINTER AB UND ZU SOGAR MAL SCHNEE. FRIEDRICHSRUH IM SACHSENWALD HAT IMMER SAISON.

Hin & Weg: S21 Aumühle.

Beste Zeit: Ganzjährig. Öffnungszeiten und mehr unter www.sachsenwald.de

Dauer & Strecke: Nach Belieben.

Ausrüstung: Feste Schuhe.

RUCKZUCK ÜBERN ZAUN

≥ ... Äpfel »klaun« in Haseldorf ≤

#23

Ein Schlosspark, ein Hafen, das Elb-marschenhaus. Hof-Cafés und Obst-höfe, eine Graureiherkolonie. Um nur mal einige Highlights von Haseldorf zu nennen. Und dann wäre da noch ein fast geheimer Garten. Ein wenig ver-steckt an einem Randgraben gelegen, bewahrt er einen kulturellen Schatz der Elbmarschen: alte Obstsorten.

In der kleinsten holsteinischen Elbmarsch liegt eine der größten öffentlichen Obstsortensammlungen Deutschlands.

Wo die Straße zum idyllischen Haseldorfer Hafen den Deich erklimmt, weist binnendeichs ein Schild den Randgraben hinunter. Es ist nur ein Trampelpfad, der 700 Meter durch üppige Natur zu einem verborgenen Garten führt. Jen-seits des kleinen Zauntritts scheint die Zeit stillzustehen. Nur noch selten dürfen Bäume so knorrig und mit Moos bewachsen sein wie im Garten alter Obstsorten. Schafe beweiden das Gelände oder dösen in kleinen Gruppen unter den Bäumen. Manche Exemplare stehen bereits in voller Blüte, leuchten strahlendweiß bis rosarot. Andere haben noch nicht einmal Knospen entwickelt. Der »Englische Prinz« reckt sich neben »Stina Lohmann« in die Höhe, das »Juwel aus Kirchwerder« streckt die Zweige nach der »Nordhäuser Winterforel-le« aus: Die üblichen Verdächtigen findet man in Haseldorf nicht. Stattdessen werden hier 183 Obstsorten bewahrt, die aus den Obst- und Gemüseabteilungen der Supermärkte so gut wie verschwunden sind – etwa, weil sie nicht den größten Ertrag versprechen oder sich nicht ewig lagern lassen. Unter den 183 sind 125 Apfel-, 37 Birnen-, 25 Pflaumen- und sieben Kirschsorten. Es ist eine der größten öffentlichen Obstsammlungen in Deutsch-land. Öffentlich bedeutet: Jeder ist jederzeit

willkommen – nicht nur um zu gucken, sondern auch um zuzugreifen. Die Pflanzenschilder verraten die Pflückzeiten: Los geht's Ende Juli mit den Kirschen und auch schon ersten Apfelsorten wie dem »Stark Earliest«; bis Ende November könnte man jede Woche eine andere Sorte probieren. Aber: »Leider gibt es einige Gäste, die so viel pflücken, dass für andere nichts übrig bleibt«, steht auf einem Aushang geschrieben. Daher mussten Regeln her. Nicht mehr als zehn Kilogramm pro Person, keine Handwagen, Schubkarren oder Ähnliches. Schubkarren? Erstaunlich, auf welche Ideen manche Menschen kommen, wenn es etwas umsonst gibt. Dabei scheint der Gedanke, von der Hand in den Mund zu genießen, doch viel reizvoller. Am liebsten auf einer karierten Decke sitzend, im Schatten eines alten Baumes, umgeben von Schafen.

Hin & Weg: Von der S-Bahn-Station Wedel mit dem Bus 589 in etwa 45 Min. nach Haseldorf Scholenfleth. Auf der Hafenstraße Richtung Hafen, von dort weiter dem Schild zum Obstgarten Haseldorf folgen.

Beste Zeit: April–Juni zur Blüte, Juli–November zur Ernte. Mehr unter www.haseldorfer-marsch.de

Dauer & Strecke: Für den Garten 1 Std. Zeit einplanen, für Haseldorf viele mehr. Etwa 900 m vom Bus und 700 m zum Obstgarten.

Ausrüstung: Picknickdecke, ein kleiner Beutel für den Mundraub.

URBANES WANDERN

≥ ... stadtauswärts auf dem Alsterwanderweg ≤

#24

Auf dem südlichen Teil des Alsterwander-weges, zwischen Baumwall und Poppen-büttel, sind deutlich mehr Hanseaten unterwegs als Wanderer. Ob man wirklich 22 Kilometer quer durch die Stadt spaziert oder lediglich eine Teilstrecke absolviert, ist eine Frage von Lust und Lieblingslokal.

Will ich wirklich? Was, wenn's regnet? Und wie lang dauert das eigentlich? Solche Fragen kann man sich vorm Wandern ewig stellen. Auf dem südlichen Teil des Alsterwanderweges spielen sie aber keine Rolle. Zwickt der Schuh, findet sich immer eine Bahnstation in der Nähe, ein Gartenlokal, ein Spitzenrestaurant. Also auf geht's! Zum Beispiel vom Bekannten zum Unbekannten, entgegen der Fließrichtung, beginnend am Baumwall, wo Alster und Elbe sich treffen. Dann spaziert man zunächst vorbei an klassischen Alsterbildern: entlang der Fleete über Kleine Alster, Jungfernstieg und Alsterufer. Wer denkt, dass er die gelben Pfeile, die den Alsterwanderweg markieren, nicht einmal braucht, wird eines Besseren belehrt, wenn er über die Krugkoppelbrücke in den Leinpfad geführt wird. Von nun an geht es mal ans linke, mal ans rechte Ufer, selten auch mal auf eine Straße. Zwar führt die Strecke beinahe ausnahmslos durch's Grüne, aber am spannendsten ist es, zu sehen, wie man an der Alster so wohnt: Alsterlage – das meint weitläufige Anwesen und Gründerzeitviertel, Rotklinkerbauten und Eigenheime im 1960er-Jahre-Schick. Alsteranwohner leben an schmalen Zuflüssen, verwunschenen Teichen oder ganz naturnah, weiter draußen im Alstertal. Auf manchen Abschnitten ist die Atmosphäre ländlich. Dann unterbricht Verkehrsgetöse die Stimmung für Minuten, bis wenig später ein Park die Ruhe zurückbringt. Mal schwingt die Alster in Schleifen, mal ist sie in Backstein gefasst, mit imposanten Becken und Terrassen. Und ist es eigentlich eine spezielle Eigenart von Hamburg, dass man sich kaum entscheiden kann, ob man lieber eine Direktionsvilla an der Alster besäße oder einen Schrebergarten mit eigenem Steg?

600 Mark zahlte die Stadt Hamburg im Jahr 1310 für die Alster an den Grafen von Holstein. Wie viele Zentimeter Grund man wohl heute dafür bekäme?

Vielleicht bräuchte es ja auch nur ein Boot? Oder Wanderschuhe. Das ist eigentlich am besten. Dann kommt man nämlich überallhin.

FAZIT: DIE ALSTER IST NICHT IRGENDEIN FLUSS, SIE IST EINE LEBENSADER UND BIETET SICH FÜR EINE TAGESWANDERUNG EBENSO AN WIE FÜR KURZE FEIERABENDSPAZIERGÄNGE.

Hin & Weg: U3 Baumwall, S1, S11 Poppenbüttel. Dazwischen allerhand U- + S-Bahnstationen und Bushaltestellen.

Beste Zeit: Ganzjährig.

Dauer & Strecke: Komplett 4–5 Std. und 22 km zu Fuß.

Ausrüstung: Bequeme Schuhe, Wasserflasche und Rucksack sind auf langen Wanderungen immer gut.

DER DUFT VON DÜNEN-HEIDE

≥ ... Strandspaziergang in der Boberger Niederung ≤

#25

Was sieht aus wie ein Strand, ist heiß wie die Wüste und duftet nach Dünenheide? Logisch: die Boberger Niederung im Bezirk Bergedorf. Dort zieht Hamburgs letzte Wanderdüne im andächtigen Tempo von zehn Zentimetern pro Jahr ihre Kreise – durch eines der irritierendsten Naturschutzgebiete der Stadt.

#Boberg #Wanderdüne #Sonnenanbeter #Badesee #SpurenimSand

20 Minuten vom Hauptbahnhof entfernt, im Naturschutzgebiet Boberger Niederung, erkennt man Erstbesucher an viel zu dicken Jacken und dem leicht irritierten Blick. Hier muss doch irgendwo das Meer sein, funkt das Unterbewusstsein. Alles andere ist schließlich auch da: Sand in den Schuhen, Sandberge vor den Augen, Dünengras, Schafe für die Landschaftspflege, Boccia-Spieler, Burgenbauer, Sonnenanbeter in Badehosen und Bikinis – selbst im April. Die helle Sandfläche reflektiert das Sonnenlicht und erhöht die Strahlungsintensität erheblich.

Das Boberger Dünenhaus informiert über alles Wissenswerte rund um die letzten Hamburger Sandverwehungen. Einst türmten sich gewaltige Berge von Bergedorf bis zum Berliner Tor.

Was übrig blieb, ist heute unter Schutz gestellt und umgeben von Wiesen, Moor, Heide, Wasserflächen und Orchideenterrassen an einem Geesthang.

Geht man gut zwei Kilometer quer durch die Heide, kommt man zu einem Badesee, der Abkühlung verspricht. Spezialisten testen die Wassertemperatur, sobald die Sonne sich

Hin & Weg: S21 bis Mittlerer Landweg, von dort den Bus 221 bis Boberger Furtweg (zu Fuß 3 km).

Beste Zeit: Früher Frühling – später Herbst, zum Baden natürlich der Sommer. Veranstaltungen, Wege und mehr auf www.loki-schmidt-stiftung.de

Dauer & Strecke: 2–3 Std., ca. 7 km.

Ausrüstung: Sonnencreme, etwas zum Trinken.

Brennend heißer Wüstensand: Zeigt sich die Sonne, wird es schnell warm in den Boberger Dünen. Noch mehr Sand gibt's am Boberger See. Die Badestelle mit Strand liegt am nordöstlichen Ufer.

zeigt – selbst im April. Themenwege zwischen zwei und fünf Kilometern Länge führen in kleine seltsame Welten, bevölkert von Ödlandschrecken, Blutströpfchen, Warzenbeißern, Ameisenlöwen und Grabwespen.

Unzählige bedrohte Tier- und Pflanzenarten finden hier genauso Unterschlupf wie Wanderer und Radfahrer, Reiter und Segelflieger: Der Flugplatz liegt gleich hinter den Dünen;

setzen die Flieger zur Landung an, rauscht der Wind unter den Tragflächen – beinahe wie das Meer.

FAZIT: STRANDWETTER VORM FENSTER, ABER ZU SPÄT AUFGESTANDEN, UM NOCH ANS MEER ZU FAHREN? MACHT NICHTS. DIE BOBERGER DÜNEN VERSPRECHEN NORDSEEFEELING IN DER STADT.

DAS KIRSCHEN-KÖNIGREICH

≥ ... querfeldein im Alten Land ≤

#26

Zur Blüte und Ernte kann es im Alten Land voll werden. Altländer sind daher gar nicht unglücklich, wenn Ausflügler ohne Rad und Auto anreisen. Auch die Ausflügler profitieren: Erstens dürfen Spaziergänger mit der Fähre kommen und zweitens können sie sich verlaufen.

Prunkpforten mit Sinnsprüchen und Symbolen erzählen von Glaube, Liebe und der Hoffnung auf Geldsegen.

Dass der Estewanderweg zwischen Cranz und Estebrügge besonders gut ausgeschildert wäre, kann man nicht gerade sagen. Aber was soll's? Dann spaziert man eben einfach der Nase nach, mitten hinein ins größte geschlossene Obstanbaugebiet Europas, hält sich so dicht am Fluss wie möglich – im Visier stets den markanten Kirchturm von Estebrügge: Er ist weit über das flache Land zu sehen, das im Frühjahr von einem weißen Schleier überzogen ist.

Im Alten Land blühen mehr als zehn Millionen Obstbäume: Kirschen, Pflaumen, Birnen und in der Hauptsache Äpfel. Wenn sie die Kirschblüten ablösen und die Gegend rosa färben, kann man sonntags den Eindruck bekommen, ganz Hamburg starrt aufs Blütenbarometer, um nur ja die Vollblüte nicht zu verpassen. Zur Kirsch-

blüte geht es noch ein wenig entspannter zu. Möglich, dass Querfeldeinwanderer auf fünf Kilometern niemanden treffen, der die Richtung weisen könnte. Aber letztlich führen alle Wege auf die Brücke in Königreich. Auf den verbleibenden zwei Kilometern nach Estebrügge kann man eigentlich nichts mehr falsch machen. Und selbst wenn: Es ist im Grunde egal. Das Alte Land ist überall prächtig. Wie frisch gewaschen wirken die Fachwerkhäuser in der klaren Luft. Ihre bunt verzierten Eingangstüren, kunstvollen Giebel und Prunkpforten repräsentieren den Wohlstand der Obstbauern. Nach hinten fallen die Fassaden häufig viel bescheidener aus – so wird es in der Apfelkiste auf dem Kirchplatz von Estebrügge erzählt. Acht umfunktionierte Erntegroßkisten, ausgestattet mit Tonanlagen, sind über das Alte Land verteilt. Und es gibt wohl wenig bessere Rastplätze für verirrte Wanderer und clevere Pfadfinder. Hier verrät auch eine ausgehängte Karte, ob der Hinweg wirklich dem Estewanderweg entsprach. Und falls nicht, ist das prima: Dann warten auf dem richtigen Rückweg nämlich noch einmal neue Eindrücke. Der Estewanderweg ist – jedenfalls auf dem Rückweg – nämlich durchaus ausgeschildert und von Estebrügge aus gar nicht zu verfehlen.

FAZIT: EINE WANDERUNG DURCH OBSTPLAN-TAGEN UND AUFGERÄUMTE ALTLÄNDER DÖRFER IST VOM ERSTEN FRÜHLINGSERWACHEN BIS ZUM LETZTEN HERBSTLEUCHTEN EIN FEST FÜR AUGEN, NASEN UND GESCHMACKSNERVEN.

Buntmauer-Fachwerk und Giebelzierden: Jedes Altländer Bauernhaus ist anders gestaltet. Holländische Siedler brachten die Baukunst an die Elbe - genau wie perfekte Deiche, Windmühlen und schnurgerade Gräben.

Hin & Weg: Hadag-Fähre ab Blankenese bis zum Sperrwerk Neuenfelde.

Beste Zeit: April–November, mehr unter www. blütenbarometer.de

Dauer: 4 Std. zu Fuß, 11,5 km. Wer sich verläuft, darf die Landschaft länger genießen.

Ausrüstung: Leerer Rucksack für Einkäufe auf den Obsthöfen.

→ AUSFLÜGE...

GRÜNER WIRD'S NICHT

 ... Wandern auf dem Grünen Ring

#27

Im Abstand von etwa neun Kilometern
zum Rathaus zieht sich der Grüne Ring
um die Stadt. Die Freizeitroute durchs
(beinah ausnahmslos) Grüne ist 100 Kilometer lang und für Wanderer in acht
Etappen eingeteilt. Einer der schönsten
Abschnitte ist der erste – gerade wenn
man ihn in umgekehrter Richtung läuft.

Gegen den Uhrzeigersinn geht es im Loki-Schmidt-Garten in Klein Flottbek durch eine Bambusallee und asiatische Gärten über Landschaften Nord- und Südamerikas in europäische Wälder und Wiesen.

Der Grüne Ring quert die Luruper Chaussee und tritt kurz darauf in den Lise-Meitner-Park ein. Die naturbelassene Landschaft ist durch den Aushub des Elbtunnels entstanden und überdeckt zum Teil das Deutsche Elektronen-Synchrotron (DESY). Beim Friedhof Groß Flottbek erinnert die Osdorfer Landstraße zum ersten und letzten Mal daran, dass man sich in einer Millionenstadt befindet. Jenseits wird es ländlich-idyllisch.

Bevor man der Beschilderung auf die andere Seite des Bahnhofs von Klein Flottbek folgt, sollte man sich unbedingt im wundervollen Loki-Schmidt-Garten gleich gegenüber auf die verschiedenen Kontinente entführen lassen. Drängten sich bisher keine Einkehrmöglichkeiten auf, bildet das Parkcafé Palme den Auftakt einer ganzen Reihe feiner Locations zum Pausieren.

Die Route I des Grünen Rings ist rund zehn Kilometer lang und führt von Teufelsbrück nach Stellingen. Andersherum gefällt sie manch einem besser, auch weil sie dann mit jedem Meter wunderbarer wird.

Beim Start an der S-Bahn-Station Stellingen gibt es nämlich erst einmal nicht viel Natürliches zu entdecken. Die Graffitis im Fußgängertunnel sind allerdings auch sehenswert. So richtig Wanderfeeling kommt jedoch erst in den weitläufigen Wäldern des Altonaer Volksparks auf. Eine weiße Elf auf grünem Grund weist den Weg.

Von Juli bis Oktober winkt ein Besuch des Dahliengartens: Bis zum ersten Nachtfrost blühen hier 11 000 Blumen, 600 Sorten, unter ihnen viele antike und seltene Pflanzen.

Zurück auf dem Grünen Ring geht es in den Westerpark. Er gehörte zum Mustergut des Kaufmanns Caspar Voght, aus dem auch der Jenischpark hervorging. Der ist immer einen Umweg wert und ausgeschildert. Wer noch Puste hat, kann hier Tage verbringen. Werden die Beine langsam schwer, trudelt man am Herrenhaus vorbei hinunter an die Elbe. In Teufelsbrück endet die erste Etappe, auf dem Sonnendeck einer Fähre, die einen – vermutlich müde und glücklich – über Finkenwerder zu den Landungsbrücken schaukelt.

FAZIT: EINE WUNDERSCHÖNE WANDERUNG VON EINEM GARTENDENKMAL ZUM ANDEREN. KNOTEN IN DEN TASCHENTÜCHERN FÜR INTENSIVERE BESUCHE SIND MEHR ALS WAHRSCHEINLICH.

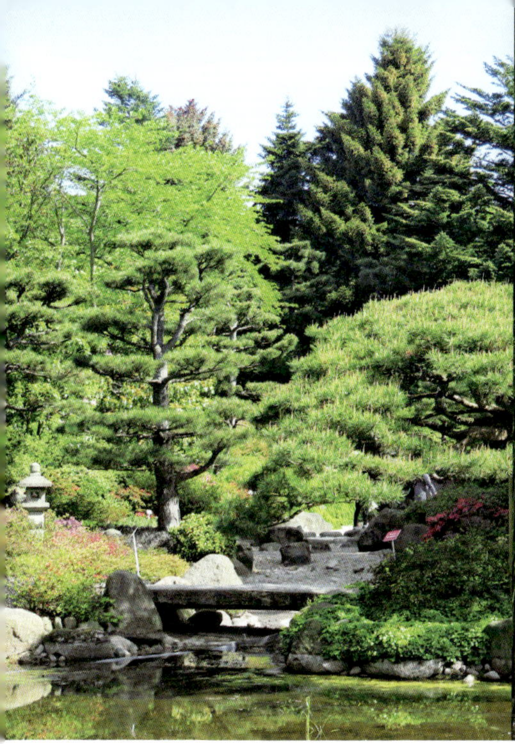

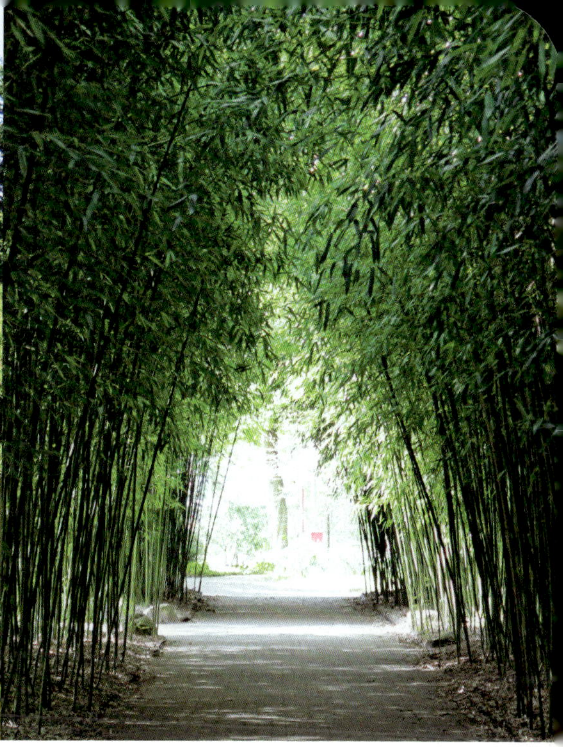

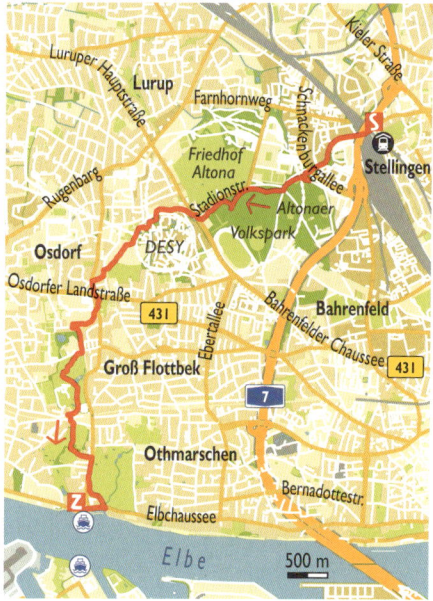

Hin & Weg: S3, S21 bis Stellingen. Die Tour endet am Fähranleger Teufelsbrück (Fähre 64).

Beste Zeit: April–November.

Dauer & Strecke: Ein ganzer Tag und 10 km zu Fuß.

Ausrüstung: Etappen-Flyer (erhältlich u. a. bei der Tourist-Info am Hbf und unter www.hamburg.de/wandern-im-gruenen).

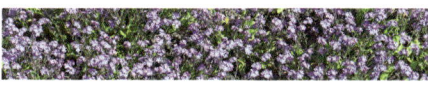

WILD AUF DEN WEIDEN

⋝ ... im Naturschutzgebiet Höltigbaum ⋜

#28

Vor 40 Jahren rollten über den Höltigbaum noch Panzer. Auf den Plattenwegen des ehemaligen Militärgeländes kann man das heutige Naturschutzgebiet prima mit dem Rad erkunden. Die lauschigsten Pfade sind jedoch unwegsam und nur für Spaziergänger gedacht.

Schrecksekunde. Der Junge mit dem Spiderman-Shirt bleibt stocksteif stehen. Dabei freute er sich gerade noch am Anblick der Galloways im Gehölz, erzählte begeistert, dass er zum ersten Mal Kühe in einem Wald sieht. Und wie entspannt die kleine Herde zur Wasserstelle zog, das fand die ganze Familie über die Maßen herzergreifend. Doch nun steht ein Exemplar genau vor ihnen. Mitten auf dem Weg, ohne schützenden Zaun dazwischen. Zugegeben, das Tier scheint nicht besonders interessiert. Gemächlich trottet es vorüber – dahin, wo ihm das Gras grüner scheint. Ist es ausgebrochen? Braucht es Hilfe? Sollte man vielleicht im Haus der Wilden Weiden Bescheid sagen? Darüber wird aufgeregt diskutiert. Der Rückweg zum Informationszentrum müsste etwa ebenso lang sein, wie der verbleibende Rest des Rundweges. Genau zu sagen ist das nicht, denn dies ist der Entdeckerpfad durch das Naturschutzgebiet Höltigbaum. Anders als die anderen beiden Wanderwege soll dieser ausdrücklich ohne Broschüre und Plan erlebt werden.

»Die Besucher sollen seinen Charme selbst entdecken«, heißt es auf der Internetseite. Also dann vorwärts, entscheidet die Mutter – und stellt bald fest: Auf dieser Route spazierte nicht nur ein Robustrind; dafür sind die sandigen Wege mit viel zu vielen Hufspuren und anderen Hinterlassenschaften gepflastert. Dass die Tiere frei herumlaufen, gehört zum Konzept der Wilden Weiden. Heidschnucken-Herden, Galloway-Verbände, Highlandrinder und Ziegen werden am Höltigbaum zur Landschaftspflege eingesetzt. Mit Glück begegnen Besucher in der offenen Landschaft sogenannten »Rinderkindergärten«. Alleinstehende Ochsen und kälberlose Kühe halten sich

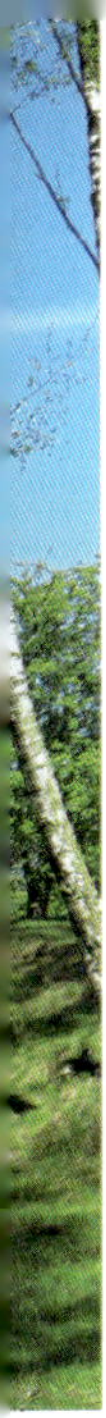

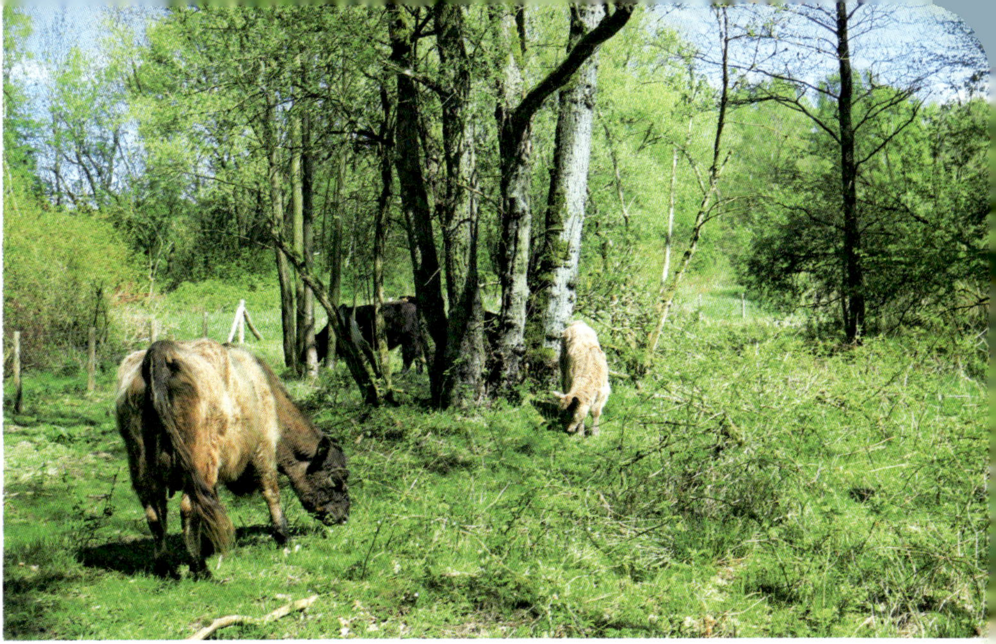

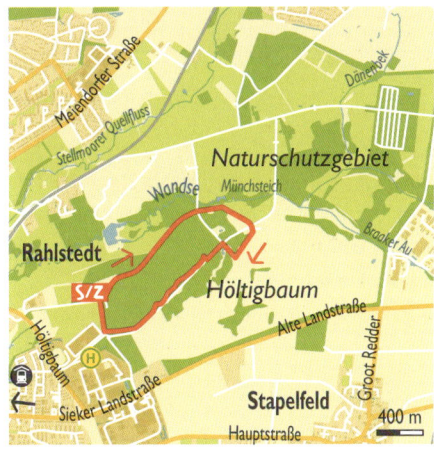

Bienenhotels, Feldhasenpisten und Rinderkindergärten: Auf den Wilden Weiden werden Menschen zwar geduldig toleriert - das Hausrecht aber gebührt den Tieren.

in dichter Nähe zu Jungtieren auf, als würden sie sie bewachen. Der Junge mit dem Spiderman-Shirt greift nach der Hand seines Vaters. Angst braucht er vor den friedlichen Tieren nicht zu haben. Nur ein wenig Respekt.

Tipp: Die Rundwege durch das Naturschutzgebiet sind gut miteinander kombinierbar und ausgeschildert. Für den »Gallo-Way« und die »Gletscherspur« hält das Haus der Wilden Weiden Wegbeschreibungen bereit.

FAZIT: HIER SCHLAGEN DIE HERZEN VON TIERFREUNDEN WAHRE PURZELBÄUME VOR GLÜCK.

Hin & Weg: RE8, RE80, RE81 Rahlstedt und Buslinie 462 bis Naturschutzgebiet Höltigbaum.

Beste Zeit: Ganzjährig.

Dauer & Strecke: Pro Rundweg 1,5–2 Std. zu Fuß. Mehr auf www.hoeltigbaum.de

Ausrüstung: Picknick.

IM SALON DER SEEVE

 ... im Naturschutzgebiet Untere Seeveniederung

#29 Umweltschützer und Landwirte arbeiten hier Hand in Hand. Gemeinsam haben sie nicht nur wunderbare Rückzugsorte für geschützte Wiesenvogelarten geschaffen, sondern auch zwei ganz besondere Naturschutzprojekte umgesetzt: die Seevengeti und die Schachblumenwiese.

Direkt gegenüber des zweitgrößten Rangier-
bahnhofes der Welt erstreckt sich die Seevengeti. Auf der Landkarte könnte man den Weg
zum Steller See leicht als einen Zubringer zum
Highlight der Gegend unterschätzen. Doch die
kleine Savannenlandschaft ist selbst einen
Besuch wert. Beim Bau des Bahnhofs wurden Sand, Torf und Gestein zu einer Erhebung
aufgeschüttet und dann der Natur und den
Rindern eines ansässigen Landwirtes überlassen. Mit großem Appetit sorgen die Tiere
seither dafür, dass nur vereinzelte Bäume und
Sträucher wachsen – daher der Afrika-Look.
Der Beobachtungsturm am Steller See lädt
zu einer ersten kleinen Pause ein, um nach
Eisvögeln und Seeadlern Ausschau zu halten.
Kurz darauf stößt der Weg auf das Junkernfeld,
den größten Schachblumenbestand Deutschlands oder sogar Mitteleuropas. Wann und

in welcher Intensität die bedrohte Schönheit
blüht, ist nicht genau vorherzusagen. Irgendwann zwischen Mitte April und Anfang Mai
verwandeln sich die Wiesen der Seeveniederung im einen Jahr in ein Blütenmeer und im
anderen in eine Osterwiese. Unerhört zart und
weitläufig gestreut leuchten dann lilafarbene
und weiße Punkte im feuchten Gras.

Dazwischen schlagen Feldhasen ihre Haken.
Rechter Hand plätschert die Seeve der Elbe
entgegen. Am Sperrwerk angekommen, freuen
sich hungrige Ausflügler über mitgebrachte
Verpflegung. Erstens schmeckt ein Butterbrot
ja nirgends so gut wie am Deich und zweitens
ist weit und breit keine Einkehrmöglichkeit
zu entdecken. Bei Over geht es auf den
Herrendeich, der zum Junkernfeldsee führt.
Hier ist man den Schachblumen nicht ganz

Die Seeve windet sich aus der Heide zur Elbe. Schachblume, Schachbrettblume oder Kiebitzei, das zarte Liliengewächs, braucht feuchte Böden - und unseren Schutz.

so nah, dafür quaken die Frösche umso lauter und die Vögel singen umso enthusiastischer. Und der Blick über die Seeveniederung ist weit und fantastisch.

FAZIT: WUNDERSCHÖNER SPAZIERGANG NICHT NUR ZUR SCHACHBLUMENBLÜTE.

Hin & Weg: RB31 Richtung Lüneburg, Bahnhof Maschen.

Beste Zeit: Ganzjährig, Schachblumenblüte Ende April / Anfang Mai.

Dauer & Strecke: Etwa 3 Std. Vom Bahnhof Maschen aus knapp 11 km Kilometer, davon 7 km um das Junkernfeld.

Ausrüstung: Verpflegung. Vogelfreunde sollten das Fernglas nicht vergessen.

WIE MAN SICH EINE INSEL VERDIENT

... zum Beispiel Lühesand

Lummerland, Nimmerland, Saltkrokan ...
Jedes Inselabenteuer beginnt mit einer Reise.
Um auf die Elbinsel Lühesand zu gelangen,
darf man gleich zweimal in See stechen. Die
wunderbar komplizierte Anfahrt auf die kleine
Schlickwattinsel im Alten Land gleicht einer
Expedition ins Gestern.

Morgens in Wedel bei Heldenwetter: In der Ladenstraße öffnen gerade die Geschäfte. Das kurze Stück von der S-Bahn zum Fährhaus Willkomm-Höft ist gut ausgeschildert. Noch herrscht Ruhe an der Schiffsbegrüßungsanlage. Erst ab 11 Uhr werden Flaggen gedippt und einlaufende Schiffe mit ihren Nationalhymnen begrüßt. Aber die Schulau-Lühe-Fähre tutet bereits.

Der Wind weht. Die Elbe glitzert. Und Seemannsbraut ist die See. 25 Minuten später macht das Schiff im Alten Land fest. Rund um die bunten Buden am Lühe-Anleger ist die Stimmung lässig wie vor Jahrzehnten im Hafen von List. Ein Fischbrötchen für den Weg kann nicht schaden – immerhin sind vier Kilometer zu bewältigen. Doch die sind ja ein Vergnügen auf dem Deich. Rechts die Elbe, links Altländer Fachwerkträume und ge-

radeaus Sandhörn. Hier pendelt eine kleine Personenfähre stündlich, am Wochenende sogar im Viertelstundentakt, rüber nach Lühesand. Räder müssen am Festland bleiben. Die Elbinsel ist verkehrsmittelfrei. Lärmfrei. Stressfrei. Frei. Und es gibt wenig zu tun, als das drei Kilometer lange, schmale Eiland zu umrunden, langsam, sehr, sehr langsam, damit der Spaß nicht so schnell vorübergeht. Den Inselsüden nimmt ein Naturschutzgebiet ein. Im Norden stehen einige Ferienhäuser. Bauwagen, Camper und Zelte verstreuen sich kreuz und quer über die Wiesen. Zwei Strommasten, die höchsten Europas, erinnern an die reale Welt. Der Rest sind verschlungene Pfade und Kinderkichern im Gebüsch, ein weiter Himmel und Grillenzirpen, ein Inselgasthaus, herrlich aus der Zeit gefallen, eine Decke im hohen Gras und das Gefühl, sehr weit weg von allem zu sein.

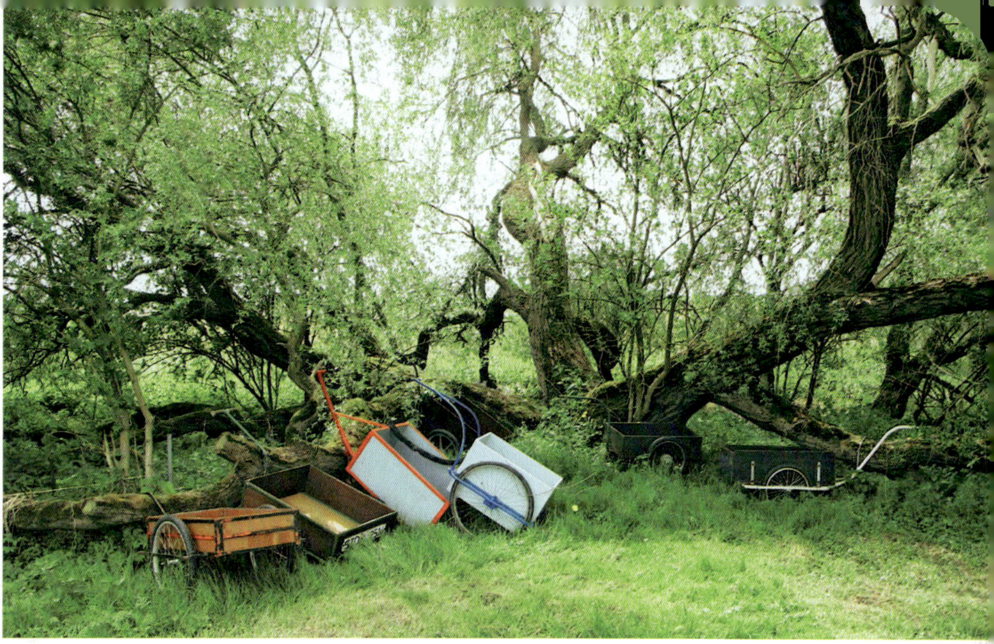

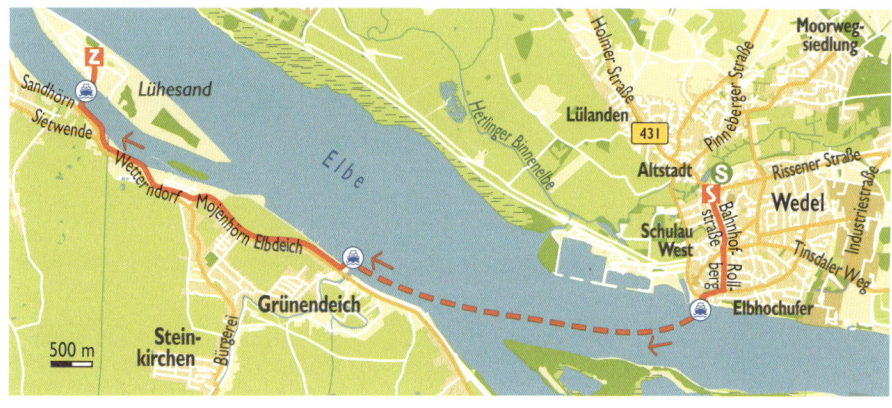

Die Schatzinsel: Wer auf Lühesand von Bord geht, betritt eine eigene Welt. Für Sack und Pack stehen am Anleger Karren bereit.

FAZIT: KLEINE FREIHEIT IM GROßEN FLUSS. LÜHESAND IST AUF DIE CHARMANTESTE ART IM GESTERN GEBLIEBEN. EIN SCHÖNER AUSFLUG MIT KINDERN, FREUNDEN ODER ALLEIN.

Hin & Weg: S1 bis Wedel, Lühe-Schulau-Fähre und Personenfähre Lühesand.

Beste Zeit: April–Oktober.

Dauer: Ein langer Tag.

Ausrüstung: Decke, Inselroman.

SÜBWASSER-PERLCHEN

≳ ... Radwanderung in Moorwerder ≲

#31

Flach wie ne Flunder und von der Elbe umarmt, erinnert Moorwerder nicht nur optisch an die Nordseeküste. Das dünn besiedelte Land zwischen Norder- und Süderelbe wird auch ebenso von den Gezeiten bestimmt. Flora und Fauna der Tideauen sind aber einzigartig in Europa.

Wer von den S-Bahnhöfen Wilhelmsburg oder Veddel der Ausschilderung zur Bunthäuser Spitze folgt, reibt sich nach einigen Kilometern die Augen. Völlig unvermittelt wird schwere Industrie und dichter Straßenverkehr von ländlicher Idylle abgelöst. Auf einmal ist alles so ruhig ringsum. Schafe grasen am Straßenrand, alte Bauernhäuser schmücken die Deiche.

Radsportler und Skater lieben das kleine, grüne Dreieck Moorwerder, denn auf dem feinen Asphalt am Hauptdeich gleiten die Räder wie Seide auf Marmor.

Dort bleiben die Räder am ehemaligen Stackmeisterhaus zurück. Denn der baumbestandene Dammweg zum hölzernen Leuchtfeuer ist ein Vergnügen an sich, das langsam ausgekostet werden will. Am Ende wartet der winzigste Leuchtturm der Stadt, nicht einmal

sieben Meter hoch und längst außer Dienst gestellt, dafür aber über 100 Jahre alt und mit einer umlaufenden Bank versehen. Auf der will man über Stunden sitzen – bis einem der Sinn nach Fair-Trade-Kaffee steht, selbstgebackenem Kuchen und Informationen über eine Landschaftsform, die europaweit nur im Großraum Hamburg vorkommt: Süßwassertideauen. Die Theorie wird im Elbe-Tideauenzentrum schön kindgerecht vermittelt, so dass sie bestens auf die Praxis vorbereitet (www.goep.hamburg). Die folgt zwei Kilometer deichaufwärts: auf einem Rundweg durch den Tidenauenwald Heuckenlock. Obwohl nicht besonders groß, gilt das urwüchsige Gelände als artenreichstes Naturschutzgebiet Hamburgs. Bis zu vier Meter hoch wächst das Schilf entlang der nährstoffreichen Prile und es gedeihen Pflanzen, die sonst nur in Südosteuropa vorkommen. Ihre Samen sind mit

(links) Bei der Bunthäuser Spitze teilt sich die Elbe in Norder- und Süderelbe und bildet ein Binnendelta.

(rechts) Sieht aus wie Garten-Deko, ist aber ein echter Leuchtturm mit Rundumfeuer: das Leuchtfeuer Bunthaus a.D.

der Elbe gekommen, die den verwunschenen Urwald regelmäßig überschwemmt.

Angesichts der Baumriesen scheint es schwer vorstellbar, dass der nahe gelegene Kreetsand einmal ähnlich wertvoll sein wird. Doch so steht es in der Deichbude geschrieben. Der Infopunkt mit Anmutung eines skandinavischen Architektenhauses erläutert, wie und warum auch an der Norderelbe Land den Gezeiten zurückgegeben wird. Noch besteht das zukünftige Naturparadies aus gewaltigen Sandbergen und schwerem Gerät. Auch sind seit avisierter Fertigstellung schon einige Jahre ins Land gegangen. Andererseits hat die Elbe ja schon so einiges geduldig ertragen. Vermutlich kriegt sie das auch noch hin.

FAZIT: LEICHTE STRECKE, KURZE EXKURSIONEN, SPANNEND GENUG, DASS AUCH KLEINERE KINDER LOCKER DURCHHALTEN.

Hin & Weg: S3, S31 Veddel oder Wilhelmsburg, die Bunthäuser Spitze ist von beiden Bahnhöfen für Radfahrer ausgeschildert.

Beste Zeit: Ganzjährig. Besonders schön in der Abendsonne.

Dauer & Strecke: 3–4 Std. und etwa 20 km mit dem Rad.

Ausrüstung: Fahrrad.

UNTEN AM FLUSS

⟩ ... auf dem nördlichen Alsterwanderweg ⟨

#32

15 Kilometer lang, erinnert der nördliche Alsterwanderweg nicht gerade an die Tour de France – und reicht doch aus, um sich einen ganzen Tag zu amüsieren. Zwischen Poppenbüttel und Kayhude sind Pausen und Abstecher nämlich die Hauptsache. Wer mit der Bahn anreist, startet aus dramaturgischen Gründen schon in Ohlsdorf.

(links) Stadt, Fluss, Land – der nördliche Abschnitt des Alsterwanderweges führt über die Stadtgrenze hinaus in die Herrlichkeit.

(rechts) Mittelalterstimmung am Alsterlauf : Burg Henneberg.

Kanus werden zum Beispiel in der Marina Marienhof in Poppenbüttel verliehen – direkt zu Füßen von Hamburgs einziger Burg (www. marina-marienhof.de). Errichtet 1884, galt die spätromantische Burg Henneberg als »Neuschwanstein en miniature«.

Märchenhaft ist auch ein Spaziergang durch das Rodenbeker Quellental einige Kilometer weiter. Die Wasserwildnis ist Heimat vieler Pflanzen-, Vogel-, Fisch- und Insektenarten der Roten Liste. Größere Tiere warten auf Gut Wulksfelde (www.gut-wulksfelde.de).

Der Abstecher zum Biohof ist ein Must-do, wenn Kinder mit von der Partie sind. Es mag nur sein, dass die nicht mehr loszueisen sind von Eseln und Meerschweinchen, Schafen und

Offiziell beginnt der nördliche Abschnitt des Alsterwanderweges in Poppenbüttel. Atmosphärisch jedoch liegt der perfekte Einstieg für Radfahrer schon einige Kilometer südlich. In Ohlsdorf wischt sich die Alster ihre städtische Anmutung vom Gesicht wie eine Diva das Make-up nach dem großen Auftritt. Die Hauptrollen übernehmen jetzt die Baumriesen des Alstertals, die Parks und weiten Wiesen. Beinahe unspektakulär windet sich der Fluss durch grüne Tunnel, verschwindet schüchtern in dichtem Gebüsch.

Und wer auf den ersten Kilometern ein wenig neidisch auf die Kanuten schaut, weil sie sich den Fluss mit sehr viel weniger Mitstreitern teilen müssen als Radfahrer den Weg: Der sollte einfach selbst aufs Wasser gehen, für eine Stunde oder zwei.

Hin & Weg: U1, S1, S11 Ohlsdorf, Ausgang »Im Grünen Grunde«, der Alsterwanderweg verläuft direkt durch die Grünanlage auf der anderen Straßenseite. Er ist gut mit einem K (für Kayhude) beschildert. Der Rückweg ab Wulksfelde führt über Lohe, Duvenstedter Damm, Alsterblick, Bredenbekstraße, Timms Hege, Westerfelde zur U1 in Ohlstedt. Von Kayhude bietet sich die Fahrt durch den Duvenstedter Brook an.

Beste Zeit: Ganzjährig, am schönsten im Sommer und Herbst.

Dauer & Strecke: Rennfahrer 2 Std., Genießer 1 Tag und 15 km mit dem Rad ab Poppenbüttel bzw 24 ab Ohlsdorf pro Strecke.

Ausrüstung: Wer den Rückweg per Bahn bestreiten möchte, braucht eine Radkarte bzw Smartphone-App des Vertrauens.

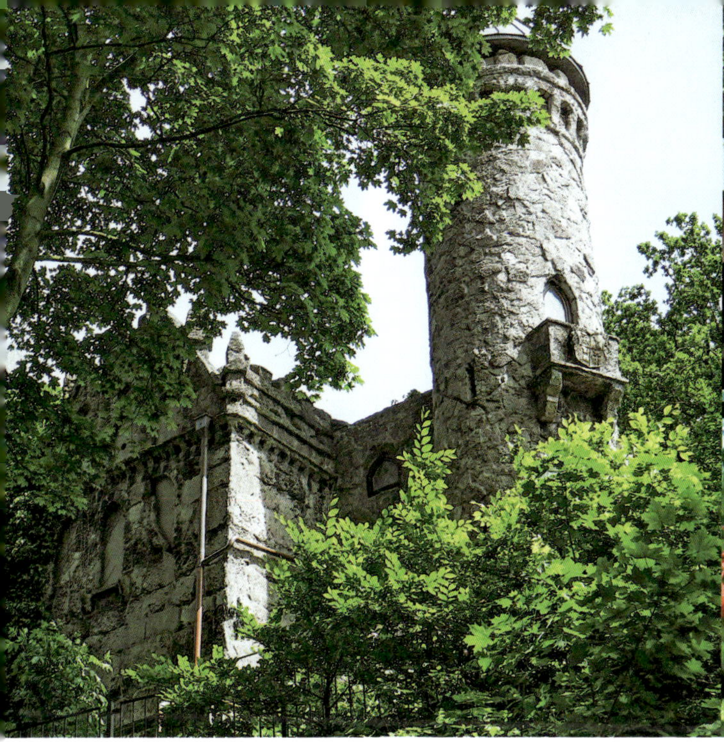

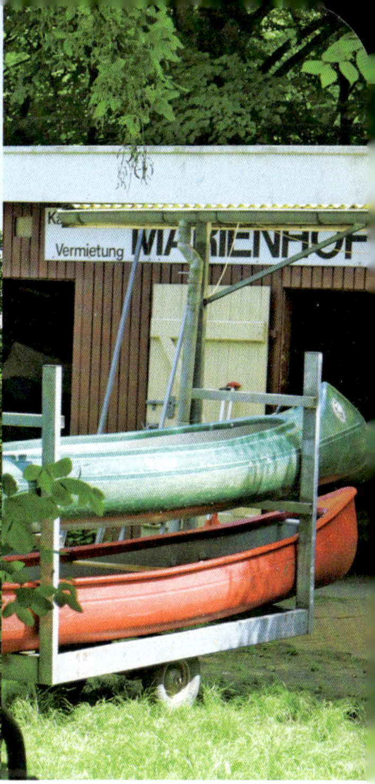

Spielplatz. Dann lässt man's eben gut sein und macht sich irgendwann - vielleicht nach einem Bio-Eis im Gutskaffee und mit einem Korb selbstgepflückter Erdbeeren - auf den Rückweg zur U-Bahn-Station Ohlstedt. Allerdings fehlt dann noch das letzte Stück bis Kayhude, samt dem beliebten Biergarten in der Alten Rader Schule (www.raderschule.de).

Aber was soll's? An der Oberalster treibt man am besten schön sutsche durch den Tag. Genau wie der kleine Fluss selbst.

FAZIT: EINFACH DER NASE NACH AUFS LAND RADELN UND TUN ODER LASSEN, WAS MAN MAG - SO SOLL DAS SONNTAGS SEIN.

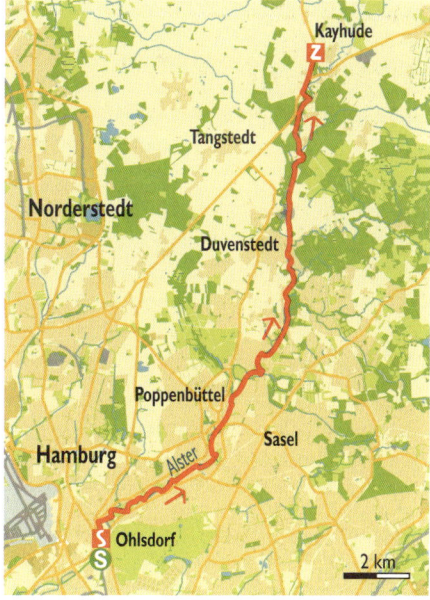

BLAUES WUNDER IN GRÜN GEFASST

⋝ ... im Wasserpark Dove-Elbe ⋜

#33 *Drei Dinge an Hamburg sind gar nicht so übel. Erstens: Der HVV befördert am Wochenende und nach 18 Uhr Fahrräder kostenfrei. Zweitens, wie superschnell man von der City in die Natur eintaucht. Und drittens natürlich die Wasserlage. All das kommt bei einer Tour zum Wasserpark Dove-Elbe zum Tragen.*

Keine Steigungen, keine Abzweigungen, kaum mal ein Auto: Auf Deichwegen rollt es sich am allerbesten.

Der Weg ins Wasserparadies ist denkbar schön und leicht zu finden. Vom Bahnhof Rothenburgsort geht es über das Billwerder Sperrwerk auf den Kaltehofer Hauptdeich und dann stets an der Dove-Elbe entlang, die nach einigen Kilometern von der Norderelbe abknickt. Nach Unterquerung der A1 führt der Radweg weiter auf dem Moorfleeter Hauptdeich. An der Landseite schimmern historische Pumpenhäuschen durch das Grün. Ein märchenhaftes Fotomotiv, das allerdings eine lange Brennweite voraussetzt. Bei der Tatenbergschleuse erfolgt nun nach knapp sieben Kilometern ein Uferwechsel. Da ist man dann auch schon am Ziel und mitten auf dem Land. In den Vier- und Marschlanden nämlich, der Obst-, Gemüse- und Blumenkammer Hamburgs mit ihren Wiesen, Feldern, Gewächshäusern, Bauernkaten und Sportboothäfen.

Ein Rad- und Wanderweg führt parallel zum Tatenberg Deich am Ufer entlang zum Wasserpark Dove-Elbe, wo sich der Fluss wie zu einem See weitet. Nach weiteren 4 Kilometern wird am Reitdeich die Gose-Elbe überquert. Hier lohnt es sich, die Räder stehen zu lassen und in »Die Reit« einzutauchen. In dem kleinen Naturschutzgebiet wuchert die Natur, sodass Pfade zu grünen Tunneln werden und man sich wieder fühlt, als wäre man acht Jahre alt und auf dem Weg zum geheimsten Geheimversteck. Ein Paradies auch für Vögel, Amphibien und Mücken. Also Mückenschutz nicht vergessen! Vom hölzernen Aussichtsturm, der kurz hinter der Reit linker Hand auftaucht, hat man bereits einen tollen Ausblick auf die Regattastrecken des Wasserparks.

Um hinzugelangen, braucht es noch einen kurzen Schlenker über Vorderdeich, Kirchenbrücke und durch das zuckersüße Allermöhe. Vom Allermöher Deich führt beim Pumpenwerk ein Rad- und Wanderweg zurück ans Wasser. Ganz sacht tanzen dort die wohl besten Pontons der Stadt auf den Wellen, während sich auf der 2000 Meter langen Regattastrecke Ruderer und Kanuten ins Zeug legen. Scheint die Sonne warm und wärmer, lässt man sich am besten einfach wie ein Aal ins Wasser gleiten. Die Wasserqualität hier ist sehr gut (den benachbarten Eichbaumsee trüben leider Blaualgen – das Baden ist nur Hunden und Pferden gestattet, an eigens reservierten Stränden auf der schmalen Landzunge zwischen Fluss und See). Zur Stärkung lockt das urige Lokal Zum Eichbaum auf der anderen Seeseite. Wer danach nicht mehr großartig in die Pedale treten mag, erreicht am schnellsten die S-Bahn-Station am Mittleren Landweg. Alle anderen genießen auf der Rückfahrt über den Moor-

Hochleistungssportler wissen die Dove-Elbe als idyllisches, fast strömungsfreies Paddelrevier zu schätzen, also Schuhe aus und los! Daneben: Nahe des Aussichtsturms führen Trampelpfade in die wunderbare Reit.

fleeter Deich den unaufgeräumten Charme des Holzhafens. Jenseits von Andreas-Meyer-Brücke und Tiefstacker Brücke geht es über den Auschläger Elbdeich zurück zum Ausgangspunkt in Rothenburgsort.

> **FAZIT: EINE RADTOUR WIE EIN URLAUBS-TAG DRAUßEN AUF DEM LAND. DIE ANREISE IST AUCH MIT S-BAHN UND BUS MÖGLICH.**

Hin & Weg: S2, S21 Rothenburgsort.

Beste Zeit: Sommer.

Dauer & Strecke: 25 km und reine Fahrzeit 2–3 Std., mit Abstechern länger. Viel länger.

Ausrüstung: Mückenschutz, ggf. Badesachen.

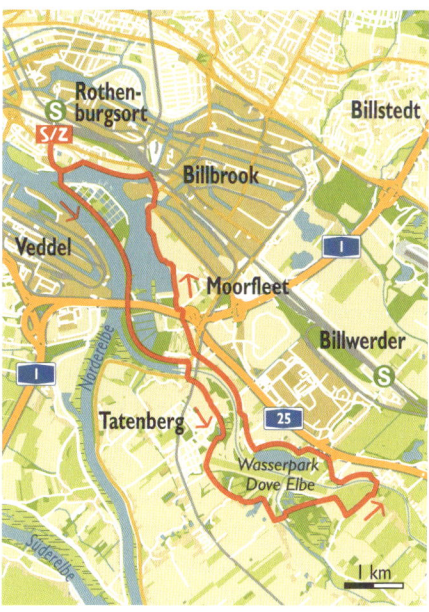

ERST DIE ARBEIT UND DANN …

⇒ … Nachtausflug ins Elbecamp ⇐

#34

So kann ein ganz normaler Arbeitstag auch ausklingen: Mit Zelt, Rucksack und Scott McKenzies San Fransisco im Ohr, geht es auf einen Nachtausflug ins legendäre Elbecamp. Das hippieeske Refugium liegt – wie könnte es anders sein – in Blankenese.

Raus aus dem Büro. Rein in die Bahn. Runter an den Strand. Eine halbe Stunde westwärts gewandert und dann: Vogelgezwitscher, Kinderlachen, Lounge-Musik. Freut euch, ihr seid im Elbecamp, beschützt von den bewaldeten Hängen Falkensteins, geblendet vom Glitzern der Elbe und den silberweißen Dünen des letzten Naturstrandes von Hamburg. Der will zunächst erkundet werden. Es ist nur ein kleiner Spaziergang bis zum rot-weiß-geringelten Leuchtturm Wittenbergen, dem letzten Zeitzeugen des ehemaligen Strandbades. Um 1900 kamen Tausende zur Erholung hierher. Eine Infotafel erinnert an Kurhaus, Schiffsanleger und das beliebte Fährhaus. Die Station der DLRG im Look eines Architektenhauses auf Stelzen macht sich aber auch nicht schlecht. In der Ferne ist der Hafen auszumachen. Doch scheint er Lichtjahre entfernt vom Elbecamp.

An den Zelten flattern buddhistische Gebetsfahnen oder Luftballons. Dauercamper mischen sich mit Globetrottern, Bullis mit Luxus-Wohnmobilen, Freaks mit Hanseaten, Jung mit Alt, Reich mit Arm.

Vielfalt ist Konzept im Elbecamp. Gutes Karma gibt es inklusive. Vollzahler ermöglichen mit ihren Stellplatzgebühren, dass auch Kinder und Jugendliche aus weniger begüterten Familien Auszeiten in der Natur erleben dürfen.

Seinen Platz in der Zelt-Oase darf man selber auswählen, denn man ist hier nicht unbedingt für Gartenzwergmentalität zu haben. Mit ein bisschen Glück findet sich einer mit Elbblick. Falls ein Baum, Busch oder Tipi im Weg steht, so what, dann schlendert man eben 50 Schritte zum Wasser hinunter. Dort tummeln sich Beachvolleyballer, Burgenbauer und Ba-

Platzruhe: Das Café Lüküs schließt um 21.00 Uhr, Besucher müssen das Camp bis 22.00 Uhr verlassen, Autos ohnehin draußen bleiben und gegenseitige Rücksichtnahme sorgt für eine ungestörte Nacht.

demeister im abnehmenden Licht. Letztere immer schön aufmerksam: Die Gezeiten können einen höllischen Sog entwickeln. Genau wie die Abendstimmung im Elbecamp. Wenn Laternen, Grills und Feuerschalen angezündet werden und vom Café Lüküs Chansons und der Duft einfacher Speisen herüberwehen, dann möchte man einfach nie wieder weg. Dann will man die ganze Nacht am Wasser sitzen, während beleuchtete Schiffsgiganten vorüberziehen.

FAZIT: IM ELBECAMP VERWANDELT SICH EIN STINKNORMALER FEIERABEND IN EINE UNVERGESSLICHE NACHT.

Hin & Weg: S1, S11 Blankenese, runter an den Strand und dann stadtauswärts immer am Elbufer entlang.

Beste Zeit: April–Oktober, mehr unter www.elbecamp.de

Dauer & Strecke: 1 Nacht, 4 km.

Ausrüstung: Campingausrüstung.

IMMER SCHÖN COOL BLEIBEN

... an der Seeve

In der Heide entspringt ein eiskaltes Flüsschen. Von der Quelle in Wehlen bis zur Mündung an der Elbe schlängelt sich die Seeve naturbelassen durch Wiesen, Wälder und kleine Ortschaften. Begleitet wird sie vom Seeve-Radweg: Er zieht sich in drei Schleifen von je 30 Kilometern Länge um den Fluss.

#Radtour #Flussbaden #Sandbänke

Klein Amazonien: Die Seeve plätschert durch märchenhafte Natur und gibt sich streckenweise unschuldig – bietet aber auch spritzige Herausforderungen für Kanuten.

Der Hamburger Sommer ist super. Nur eben manchmal zu heiß. Da trifft es sich ausgezeichnet, dass der kälteste Fluss Norddeutschlands, die Seeve, schwuppdiwupp zu erreichen ist. Nur 16 Minuten braucht der Metronom vom Hauptbahnhof nach Hittfeld, gelegen am Ring 3 des Seeve-Radweges. Fährt man hier los, dann landet man nach fixen sieben Kilometern über Lindhorst in Horst.

Dort klappert seit 1529 eine voll aktive Wassermühle am rauschenden Bach. Wer mag, kann hier schon einen ersten Stopp einlegen, um im beliebten Ausflugslokal Horster Mühle den Flüssigkeitshaushalt zu regulieren oder einige Schritte entlang der Seeve zu tun (www.horstermuehle.de). Der kleine Heidefluss strömt munter dahin und weist ganzjährig eine relativ konstante Temperatur von

sechs bis acht Grad auf. Mit seinen dicht bewachsenen Ufern wirkt die Seeve auf weiten Strecken wie eine verzauberte abgeschlossene Wasserwelt. Deswegen wechselt man nun auch vom Ring 3 auf den Ring 2.

Der ist nämlich nicht wirklich ein Ring, sondern eine langgestreckte Ellipse: Von Horst nach Lüllau radelt man nah am Fluss, entdeckt Brücken und Wehre. Mit etwas Glück hört man an einsamen Stellen den Eisvogel rufen oder ergattert sogar einen Blick auf sein kobaltblaues Gefieder.

Bis zum Jesteburger Viadukt zeigen sich allerdings häufiger Kanuten. Von hier darf die Seeve auf acht Kilometern flussabwärts befahren werden – eine spaßige Sache mit kleineren Stromschnellen und Schwallstrecken, allerdings nicht ganz billig, da sowohl Kanu wie auch Transport zu Ein-/Ausstiegsstellen zu Buche schlagen. Plantschen kostet hingegen nichts und kann als Mutprobe und Vergnügen zugleich durchgehen. Unter den Badenden sind Pferde und Hunde dann auch eindeutig in der Überzahl.

Die Wegführung erlaubt jederzeit, die Tour bei plötzlicher Ermüdung abzukürzen: Man muss einfach nur die Seite wechseln und sich auf den Rückweg begeben.

Es wäre allerdings schade, schon vor Jeste-
burg umzukehren. Der alte Ortskern ist einfach sehenswert und die Gastronomie auf
hungrige Radfahrer eingerichtet.

FAZIT: GUTE 35 KILOMETER, KAUM WESENT-
LICHE STEIGUNGEN, MAL ASPHALT, MAL SAND,
MAL QUERFELDEIN. INFOTAFELN VERWEISEN
AUF SEHENSWERTES AM WEGRAND.

Hin & Weg: Metronom nach Hittfeld.

Beste Zeit: Sommer.

Dauer & Strecke: Tagesausflug und 35 km
mit dem Rad.

Ausrüstung: Rad, evtl. Badesachen.

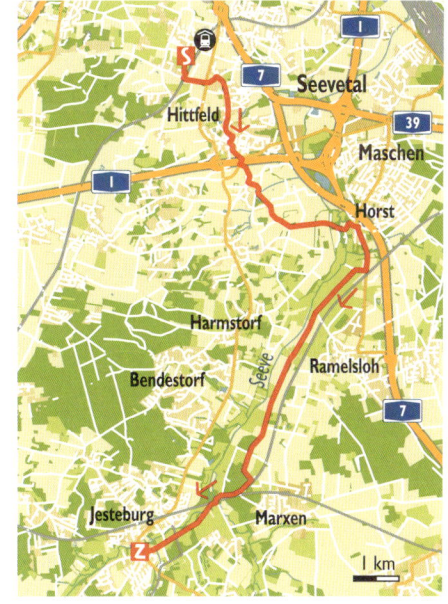

LA MO(I)N-TANARA

 ... hoch in den Schwarzen Bergen

#36

Süddeutschland beginnt auf der anderen Elbseite. In Harburg nämlich, wo sich durchaus anspruchsvolle Wanderwege durch dunkle Wälder und weite Heidelandschaften ziehen. Auf einer halb- oder ganztägigen Tour durch die Schwarzen Berge verschwindet Norddeutschland schnell aus dem Bewusstsein.

In Hamburg fällt es nicht schwer, sich für einen passablen Wanderer, Trail-Runner oder Biker zu halten. Bis man mal in Neuwiedenthal aus der S-Bahn steigt, die grässlich laute Cuxhavener Straße überwindet, um jenseits in die Stille der Berge einzutauchen. Der Wanderweg W1 bringt gleich mit den ersten beiden Gipfeln seinen Charakter auf Punkt. Opferberg heißt der erste. Scheinberg der zweite. Und das ist durchaus wörtlich zu nehmen. In den Harburger Bergen geht es nämlich überraschend knackig zur Sache, obwohl man bei

(ganz links) Wer hätte das gedacht: Die größte Holzeule der Welt steht in Harburg.

(links) Steigungen, Gefälle, Höhenmeter – alles da, was der Trailrunner braucht.

(rechts) Skier warten oftmals Jahrzehnte auf ihren Einsatz.

plus/minus 70 Metern ja nicht unbedingt von schwindelerregenden Höhen sprechen kann. Wanderer mit festem Schuhwerk sind dennoch klar im Vorteil. Vor allem an oder nach regnerischen Tagen.

Wem der zehn Kilometer lange W1 zur kurz erscheint, kann ihn mit interessanten Abstechern aufpeppen. Etwa zum Wildpark Schwarze Berge oder dem Freilichtmuseum am Kiekeberg. Wer die ursprüngliche Strecke ausreichend findet, wird nach schmalen Kammwegen, Tälern, schönen Aussichtspunkten und vielen kurzen, aber steilen Aufstiegen, etwa zur Halbzeit bei der größten Holzeule der Welt landen. Hier gibt sich Hamburg ähnlich surreal wie Twin Peaks. Im Tal wartet die Kleine Sennhütte im Schwarzwald-Look auf Gäste. Die ehemalige Große Sennhütte, heute Berghotel Hamburg Blick, liegt auf dem Berg und eignet sich für eine Kaffeepause auf der Terrasse. Der Ausblick nach Hamburg ist wirklich fantastisch (www.berghotel-hamburg-blick.de). Echt österreichische Speisen werden aber erst einige Kilometer weiter in der Kärntner Hütte (www.kaerntnerhuette.de) serviert.

Bei Schnee verwandeln sich die Wanderwege übrigens in die besten Rodelpisten der Stadt, sodass man – mit etwas Geschick – direkt in die gute Stube runterrutschen könnte. Beim gewohnten Schmuddelwetter tummeln

sich in diesem Teil der Harburger Berge jede Menge Mountainbiker. Die Trails sind durchaus anspruchsvoll. Und auch Flachlandwanderer spüren die Beine, wenn sie am Ende 300 Höhenmeter bewältigt haben.

FAZIT: MITTELSCHWERER, IDYLLISCHER WANDERWEG DURCH ÜBERRASCHEND VIELFÄLTIGE NATUR.

Hin & Weg: S3 + S31 Neuwiedenthal.

Beste Zeit: Ganzjährig.

Dauer & Strecke: 2,5 Std. ohne Pausen; 10 km ohne Abstecher – inkl. ein ganzer Tag.
Für längere oder kürzere Touren »in den Bergen« unter www.regionalpark-rosengarten.de schauen.

Ausrüstung: Wanderschuhe, ggf. Regenjacke.

VER-SCHWUNDENE ORTE

⋛ ... in Neuhof und Altenwerder ⋚

#37

Einst lebten die Menschen in den idyllischen Dörfern Neuhof und Alten-werder an der Süderelbe von Fischfang und Landwirtschaft – bis der Hafen ihr Leben immer drastischer veränderte und sie schließlich ganz vertrieb: Eine Hop-on-hop-off-Linienbustour zu verschwunden Orten am Köhlbrand.

(links) Dinge, die man mit Containern machen kann: campen und Basketball spielen.

(rechts) Dinge, die man mit Containern angeblich nicht machen kann: unter der 51 Meter hohen Köhlbrandbrücke durchfahren.

es gar nicht mehr so unvorstellbar, dass einst Flussbadeanstalten und Ausflugslokale die Ufer säumten. Hafenromantiker mögen vielleicht sogar so lange am Fähranleger träumen, dass es doch erst der übernächste Bus wird, der sie über die zweitlängste Straßenbrücke Deutschlands chauffiert.

An den avisierten Abriss der Köhlbrandbrücke mag man sich ja gar nicht gewöhnen. Von derart wehmütigen Gedanken können sie drüben in Altenwerder ein Lied singen. Jahrzehnte kämpften die Einwohner für ihre Heimat, aber 1997 mussten dann auch die letzten der Hafenerweiterung weichen. Nur die Kirche St. Gertrud blieb stehen. Sie liegt heute inmitten eines schrägen Biotops, eingekeilt von Autobahn und Terminal. Der Weg ist von der Bushaltestelle BAB/Auffahrt Waltershof ausgeschildert. Das Seltsamste an diesem seltsamen Ort ist das rege – und auch fröhliche – Gemeindeleben. So finden Gottesdienste, Konzerte und Führungen statt; auch geheiratet wird in St. Getrud gern. Viele Paare pflanzten »Bäume der Hoffnung« auf dem Vorplatz – der gleicht schon längst einer ländlichen Streuobstwiese. Denn die Hoffnung, das wissen Hamburger vom Fußball, die stirbt bekanntlich zuletzt.

Steigt man am Neuhöfer Damm aus dem Bus, drängt sich die Frage auf, wie man da eine ganze Stunde rumkriegen soll. Der 151er fährt am Wochenende nur alle 60 Minuten – und das scheint zunächst enorm viel Zeit für einen Stadtteil, der aus nichts als Industrie und Schrotthalden besteht, seit das letzte Wohnviertel Ende der 1970er-Jahre abgerissen wurde. Schön geht garantiert anders als die Nippoldstraße, die sich unter der Köhlbrandbrücke zur Süderelbe zieht.

Doch es ist auch faszinierend, unter den gewaltigen Pylonen zu laufen. Fast einhundert Meter ragen sie am Ende in die Höhe. Dann wird es beinahe charmant. Durch das letzte bisschen Grün von Neuhof streunen vereinzelt Spaziergänger und am Köhlbranddeich werfen Angler ihre Ruten aus. Auf einmal scheint

Tipp: Wer die Tour um ein Getränk ergänzen mag, läuft von der Haltestelle Zollamt Waltershof zehn Minuten zur Seemannsmission Duckdalben, einem der letzten Rückzugsorte für Seeleute im Hamburger Hafen.

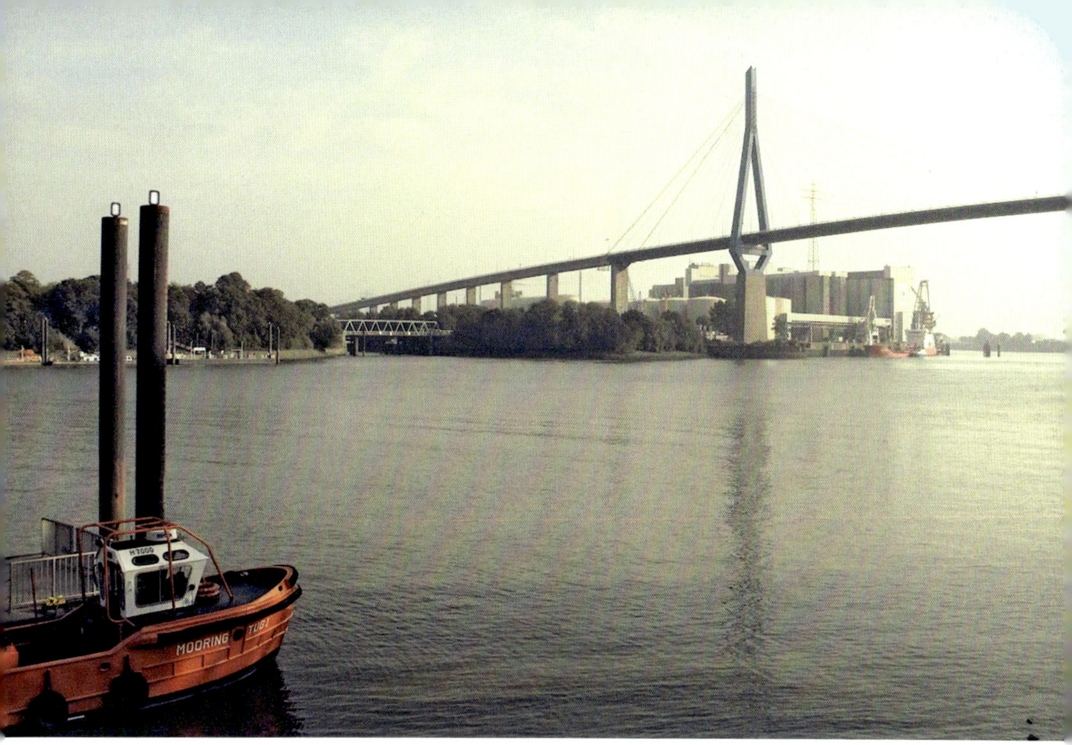

FAZIT: WEHMÜTIGE TOUR FÜR FANTASIEBEGABTE UND FREUNDE VON INDUSTRIEROMANTIK. BEI DER FAHRT ÜBER DEN KÖHLBRAND UNBEDINGT EINEN FENSTERPLATZ ANSTEUERN. EINE BESSERE AUSSICHT AUF DEN HAFEN GIBT ES NICHT.

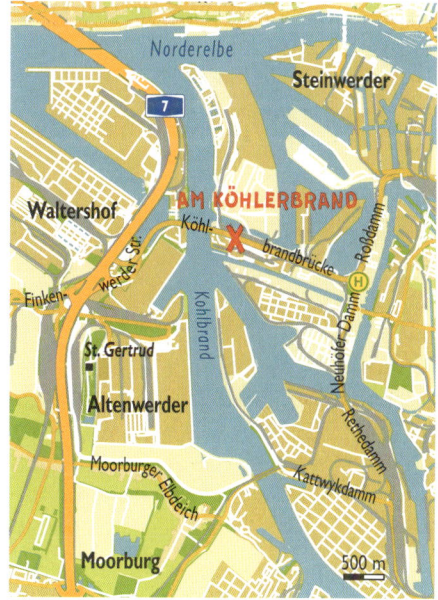

Hin & Weg: Buslinien 150, 151 ab Wilhelmsburg bis Haltestelle Neuhöfer Damm. Für St. Getrud Haltestelle BAB/Waltershof. Zurück wie gekommen.

Beste Zeit: Sonntags im Sommer.

Dauer: Ein Nachmittag.

Ausrüstung: Busfahrplan.

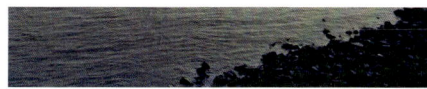

LET'S LOOP

≥ ... in Wilhelmsburg ≤

Wer die Elbinsel nur punktuell oder vom Durchfahren kennt, wird sich auf dem Rad- und Skaterkurs Loop wie beim Blindekuh-Spielen fühlen. Er lädt ein, die grünen Ecken Wilhelmsburgs zu entdecken, und erinnert permanent an den Moment, wenn man die Augenbinde abnimmt und denkt: Ach, hier bin ich?!

Nice to know: Der Loop ist ein sogenannter Multi-Purpose-Way, d.h. er ist für alle da, die sich aus eigener Kraft bewegen. An der S-Bahn Veddel schließt die Veloroute 10 an, sie führt ruckzuck in die City (ca. 6 Kilometer).

Ende wieder zu verlassen. Auf einem Stichweg geht es zum Vehringkanal. Von der markanten Brücke kann man dem Schleusenwärter bei der Arbeit zuschauen – an der letzten handbetriebenen Schleuse der Stadt.

Jetzt ist es nicht mehr weit zum Uferpark, Schauplatz des legendären Dockville Festivals und der kleinen Schwester, MS Artville. Die Open-Air-Galerie verwandelt das Gelände jeden Sommer in ein kreatives Wunderland. Auch ohne Festivalstimmung ist die hafenindustrielle Kulisse eine Party für Instagrammer und Konsorten.

Los geht's im Inselpark, gleich jenseits der Hochbrücke am S-Bahnhof Wilhelmsburg. Das Erbe der Internationalen Gartenschau 2013 ist der perfekte Ort für Aufwärmübungen.

Man muss sich nur noch entscheiden zwischen Kletterhalle, Hochseilgarten, Skaterpark, Schwimmbad, Kanuverleih, Fußball-, Basketball- und Aqua-Soccer-Feldern oder aktivem Aufatmen in grünen und blumenbunten Ecken. Kinder freuen sich über Ausstellungen im Wälderhaus und Themenspielplätze, die »Atlantis« heißen oder »Die Geheimnisvolle Insel«.

Letztere liegt im stilleren Teil des Parks auf der anderen Seite der Wilhelmsburger Reichstraße. Der Loop überquert sie mittels einer Art Rampe, führt vorbei an Seen und dem alten Wasserwerk, um den Park am anderen

Wenn der Loop den Vehringkanal ein zweites Mal überquert, lohnt ein Uferspaziergang zur kreativen Urzelle Wilhelmsburgs. Die Honigfabrik sorgt schon seit den 1970er-Jahren für Kunst, Kultur und guten Kaffee im Café Pause (www.jim.honigfabrik.de).

Auch nicht schlecht ist der Abstecher in die Neuhöfer Straße hinauf zum Energiebunker. Die Aussicht von der Terrasse des Café Vju in 30 Metern Höhe ist grandios (www.vju-hamburg.de). Auf den letzten Kilometern mäandert der Loop mittelspannend durch Wohnviertel und Kleingärten. Zum Finale gibt's aber noch mal ein Highlight, direkt an der S-Bahn-Station Veddel. Nirgends wird der Sonnenuntergang entspannter begrüßt als auf dem Klütjenfelder Hauptdeich. Nie schmeckt das Kaltgetränk besser als nach einem langen Tag auf den Elbinseln.

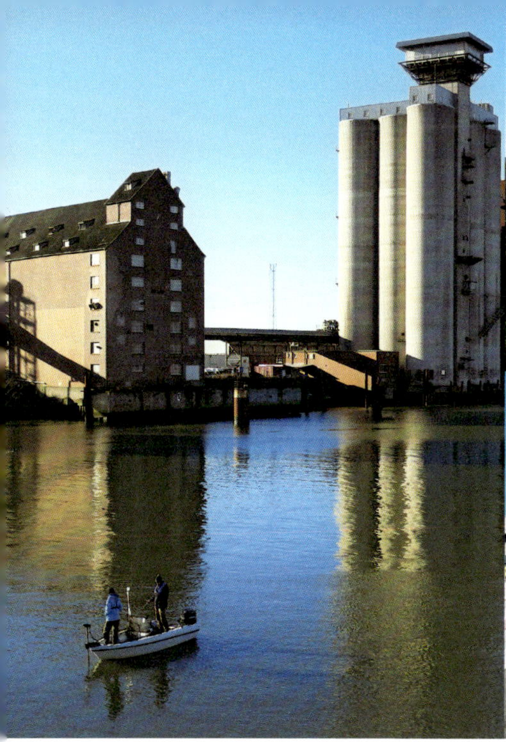

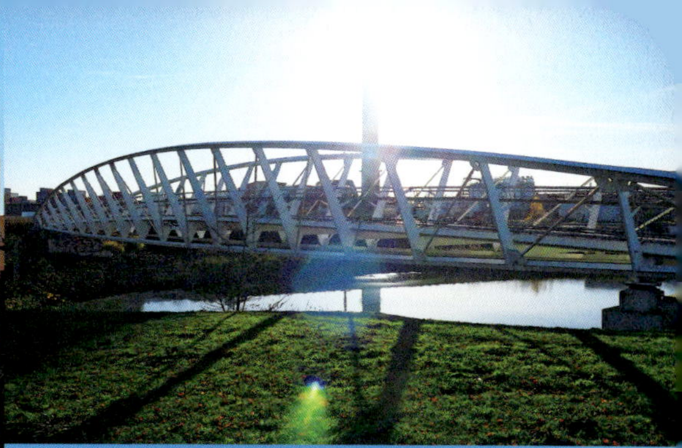

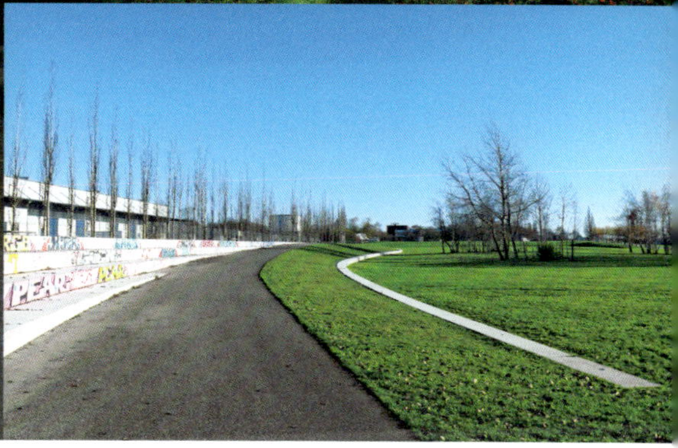

FAZIT: ABSTECHER MACHEN DEN NUR SIEBEN KILOMETER LANGEN LOOP ZUM FREIZEITPARK. BLAUE QUADRATE AUF FEINSTEM ASPHALT MARKIEREN DEN WEG. IM HERBST KANN LAUB DIE ZEICHEN VERDECKEN.

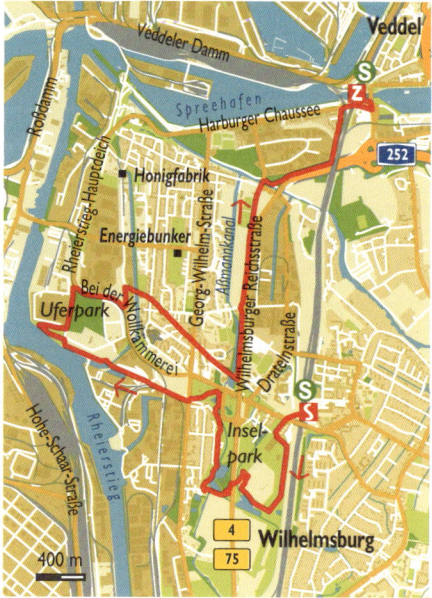

Hin & Weg: S1, S31 bis Wilhelmsburg oder Veddel.

Beste Zeit: Ganzjährig bei gutem Wetter.

Dauer & Strecke: Tagesausflug, ca. 7 km auf dem Rad.

Ausrüstung: Rad, Skateboard, Skates oder irgendwas anderes mit Rollen.

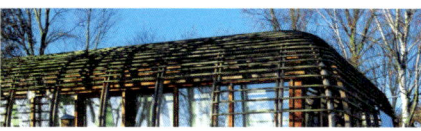

BEWUSST-SEINSER-WEITERUNG

... Birding in Wedel

#39

Vogelbeobachtung – oder Birding, wie Eingeweihte sagen – ist hip. Insofern ist die Carl-Zeiss-Vogelstation als die Schanze von Wedel zu betrachten. Schon seit mehr als 30 Jahren kommen Birder in der Wedeler Marsch ihren Lieblingen sehr nah – ohne sie zu stören.

#Zugvogelschwärme #bittenichtstören #ParadieshintermDeich

Birdwatcher sehen die Welt mit anderen Augen. Schon auf dem Deichspaziergang vom Wedeler Bahnhof zur Vogelbeobachtungs-station am Fährmannssand ist der Blick ge-

schärft. Wer Vögel allgemein als selbstver-ständlich wahrnimmt – oder vielmehr nicht wahrnimmt –, ist verblüfft über die Arten-vielfalt am Fluss. Genau wie über die Carl-

(ganz links) Übermannshohe Wälle schützen die Vögel vor neugierigen Besuchern der Vogelstation.

(links) Kleine Inseln werden als Brut- und Rastplätze genutzt.

(rechts) Unbedingt einplanen: ausreichend Zeit für ausgiebiges Deichsitting.

Zeiss-Vogelstation, die man genauso leicht übersieht wie einen Spatz: Obwohl sich auf der flachen Marsch ja eigentlich nichts verstecken kann, mag die Anlage dem Unaufmerksamen entgehen. Jedenfalls im Sommer.

Zur Zeit der Vogelzüge aber lenken Nonnengänse lautstark die Aufmerksamkeit auf die Station. Ihr schwarz-weißes Gefieder verwandelt die Felder in ein überdimensionales Schachbrett. Schwärme mit bis zu 10 000 Gänsen sind keine Seltenheit in der Wedeler Marsch. Für zig Vogelarten ist sie ein Kraftplatz, ein Paradies, eine Zuflucht, ein Wasserrefugium. Das Gelände ist für Menschen größtenteils nicht zugänglich. Übermannshohe Schutzwälle säumen die Pfade. Lediglich aus den Hütten, sogenannten Hides, können die Vögel beobachtet werden. Dabei lassen sich drei Arten von Birdern ausmachen.

Erstens: die Meditativen mit den Riesenkameras; sie scheinen ewig stillzusitzen, um dann in dem einen richtigen Moment den Auslöser zu betätigen. Zweitens: die Actionfreunde; für sie gleichen Vogelsichtungen einer spannenden Schatzsuche, die lautstark diskutiert werden muss. Drittens: die Anfänger; die staunen über dieses Paralleluniversum der Vögel und Vogelbeobachter – und dann steigt so eine übermäßige Freude auf, weil sich eine ganz neue Welt aufgetan hat.

Hin & Weg: S1 Wedel + Deichspaziergang (5 km).

Beste Zeit: Herbst. Mehr unter www.hamburg.nabu. de/natur-und-landschaft/carl-zeiss-vogelstation.

Dauer: Halber Tag.

Ausrüstung: Fernglas (kann auch vor Ort ausgeliehen werden).

HANSEATISCH BY NATURE?

 ... auf dem Elbuferwanderweg

 Du willst eigentlich nicht nach Berlin, aber irgendwie ist es da cooler? Dann ab auf den Elbuferwanderweg – zum Lackmusstest für die Frage, ob du ohne Wasserkante glücklich werden könntest. Obwohl mit 23 Kilometern kein kurzer Spaziergang, kriegen echte Jungs und Deerns ihn spielend auf die Reihe.

Ab in die S-Bahn nach Wedel, die Lieblings-person im Schlepptau. Idealerweise eine, mit der man stundenlang quatschen oder irre gut schweigen kann. Denn dieser Tag wird lang und herrlich auf einer der schönsten Wander-strecken überhaupt. Man muss keine Katze sein, um sie zu finden. In Wedel einfach der Beschilderung zum Willkomm-Höft folgen, hinterm Fährhaus den Pfad hinauf auf den Elb-wanderweg nehmen und dann Kurs halten wie zahlreiche Schiffe, die parallel Richtung Hafen ziehen. Einzig beim Heizkraftwerk Wedel müs-sen Landratten einen Schlenker ins Landesin-nere auf sich nehmen. Hier ist es ratsam, auf die Beschilderung zu achten: Sie führt einen bald zum Fluss zurück. Bis Rissen genießt man hoch über der Elbe den Weitblick, ab dem Leuchtturm in Wittenbergen hinterlässt man Spuren im Sand. Hat man erst einmal die Schiffswracks im Blankeneser Treppenviertel

erreicht, locken zahlreiche Hangouts am Was-ser, eines schöner als das andere. Und selbst bei pragmatischen Seelen setzt sich der irra-tionale Gedanke fest: Hamburg ist ja doch die schönste Stadt von allen. Und sei es nur, weil sie sich immer wieder wie Urlaub anfühlt.

Es wird nun deutlich belebter, ab Teufelsbrück auch schon mal volksfestartig. Doch das kennt man ja und zumindest am Wochenende gehört das Gewühle in den Gassen von Övel-gönne auch irgendwie dazu. Erst hinter dem Museumshafen nimmt Hamburg nun wirklich städtische Züge an. Und nein, auch auf den letzten Kilometern erreicht die Schöne an der Elbe nicht im Ansatz die Drehzahl der großen Schwester an der Spree. Aber wer hierherge-hört, der spürt jetzt ganz genau, dass der ge-mächlichere Pulsschlag der Second City exakt dem eigenen Beat entspricht.

23 Kilometer geradeaus und doch gibt es keinen Meter Langeweile: Der Elbwanderweg macht Hamburger glücklich.

FAZIT: MEHR HAMBURG-GEFÜHL GEHT NICHT. LÄSSIGER ALS VERKRAMPFTES DURCHHALTEN BIS ZUM KILOMETER 23 AM BAUMWALL IST EIN ABBRUCH BEI KILOMETER 21,39 – UM IM LIEBLINGSBEACHCLUB IN DEN SAND ZU SINKEN.

Hin & Weg: S1 Wedel, S1/S11/S3 + U3 Landungsbrücken.

Beste Zeit: Ganzjährig.

Dauer & Strecke: 5–6 Std. und 23 km zu Fuß.

Ausrüstung: Wanderoutfit.

3. KAPITEL
MINIURLAUB

#47

#49 #46

ZIG ZIELE FÜR
ZEITREISENDE ↗ #48

#52
#51

#45

#42

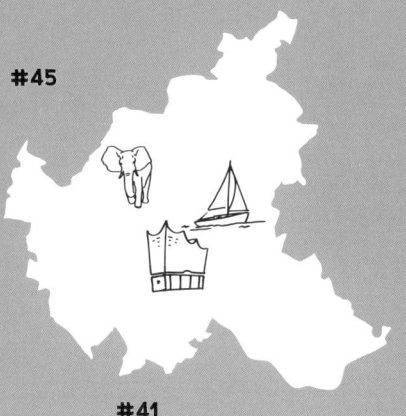

#44 ↗

DA GEHT'S
DIREKT ANS
MEER

#43

#41

LIEBLINGSPLÄTZE ↗ #50
IM HERBST

Ferien für ein Wochenende

Nur einen Schritt hinter dem Tor zur Welt warten Frühlingsgefühle und Sommernachtsträume, ist die Natur herbstzeitlos und winterstill, locken Meere, Seen und Wälder.

36H

DRAUßEN VOR DER TÜR

≥ ... auf dem Heidschnuckenweg ≤

#41

Der Top-Trail Heidschnuckenweg führt auf 235 Kilometern von Harburg bis Celle. Wochenendwanderer dürfen sich auf die schönsten Abschnitte konzentrieren. Zum Beispiel die Etappen 3 bis 5¾. Startpunkt in Handeloh und Ziel in Schneverdingen sind bequem mit der Bahn zu erreichen.

eine Weile später eine Wanderin mit Hund, rastet nach acht Kilometern am Pastorenteich von Wesel, durchquert die erste weite Heidefläche. Viel mehr passiert nicht auf den ersten 17 Kilometern. Selbst Undeloh, wo das Leben zur Hochsaison tobt, erscheint im Frühling angenehm verschlafen. Hier endet die dritte Etappe des Heidschnuckenweges in einem Gasthof oder Café.

Da die Strecke recht knapp bemessen ist, lässt sie sich wunderbar bis nach Wilsede verlängern. Dieser Inbegriff eines Heidedorfs liegt herrlich abgelegen und ist nur mit Pferd, Rad oder zu Fuß zu erreichen. Hier gleicht die Landschaft einem Gedicht von Friedrich Hebbel, ist ganz Heide, Birken, Wachholder und sandige Wege. Nur vor Juli und nach September ist dieser Abschnitt einsam zu erleben. Zur Heideblüte gehört er zu den meistbesuchten Zielen der Lüneburger Heide.

Ob sich einer als Wanderpartner eignet, lässt sich mit einer Frage herausfinden: Und was, wenn's regnet? Ja, dann regnet's eben, muss die Antwort lauten. Jammern ist nämlich nicht auf Fernwanderwegen. Man muss die Dinge hinnehmen können und sich darüber im Klaren sein, dass man bisweilen von der Zivilisation abgeschnitten ist. Wie abgeschnitten man vor Hamburgs Toren sein kann, weiß man allerdings erst, wenn man in Handeloh aus der Bahn steigt, wo die Etappe 3 des Heidschnuckenweges beginnt. Sie führt ein kleines Stück an den Gleisen entlang, dann aber schnell über freie Wiesen in den Wald. Die Ausschilderung ist bestens, die Natur so natürlich, dass sie auf Großstädter wie ausstaffiert wirkt. Nach einer Stunde hört man vielleicht mal Motorsägen in der Ferne, trifft

Es ist ein ganz besonderes Erlebnis, die Touristmagneten Totengrund und Wilseder Berg eine Nacht lang beinahe alleine zu genießen. Darum lohnt es sich, am ersten Tag ordentlich »Strecke zu machen«. Wenn der Rucksack auf den letzten Kilometern schwer wird, tröstet die Aussicht auf die nur 15 Kilometer lange Tour am folgenden Tag. Da geht es zunächst auf der Hauptroute bis Niederhaverbeck weiter und von dort auf einer Variante der Etappe 5 über den Spitzbubenweg und quer durch die Osterheide nach Schneverdingen. Wer am ersten Tag nach 27 Kilometern endlich auf eine kopfsteingepflasterte Allee mit mächtigen Buchen einbiegt, gesäumt von Wilsedes eindrucksvollen Bauernhäusern, kann seine Freude gar nicht fassen. Denn dort steht auf einem Schild vor einem Gasthof geschrieben: Das Essen ist fertig.

Der Heidschnuckenweg ist ein vom Deutschen Wanderverband ausgezeichneter Qualitätswanderweg. Das heißt Führung und Markierung entsprechen hohen Standards und bieten vielfältige Natur- und Kulturerlebnisse.

FAZIT: WENIG AUF DIESER WELT MACHT SO ZUFRIEDEN WIE EIN LANGER TAG AUF DEM HEIDSCHNUCKENWEG. DIE ETAPPEN FÜHREN ZUMEIST ABSEITS DER STRAßEN; ALLE SIND GUT AUSGESCHILDERT.

Hin & Weg: Metronom bis Buchholz, von dort per Erixx nach Handeloh. Zurück mit Erixx ab Schneverdingen.

Beste Zeit: Oktober–Juni.

Dauer & Strecke: 2–3 Tage, beide Touren ca. 42 km.

Ausrüstung: Leichtes Gepäck.

Wenn es Nacht wird: Es gibt elegantere Übernachtungsmöglichkeiten als das Gasthaus »Zum Heidemuseum«. Dafür schläft es sich im autofreien Museumsdörfchen Wilsede wie in einer längst vergangenen Welt (www.zum-heidemuseum.eu).

EINE EMPFIND-SAME REISE

≳ ... Radtour im Biosphärenreservat Schaalsee ≲

#42

Der Schaalsee, das sind eigentlich neun miteinander verbundene Seen, sehr tief und von außergewöhnlich guter Wasserqualität. Ihre Ufer liegen in zwei Bundesländern, werden eingerahmt von zwei Naturschutzgebieten und haben verschiedene wunderbare Gemeinsamkeiten.
Die erfährt man am besten mit dem Rad.

#Biosphärenreservat #Buchten #Boote #Badestellen

Ursprünglich und unverfälscht: Die Faszination des Schaalsees liegt im vermeintlich Unspektakulären.
Rechts: Das Biosphärenreservat besteht zu 88 Prozent aus Wiesen, Feldern und Wald.

Läge Friedrich Gottlieb Klopstock nicht in Ottensen begraben, hier wäre es ihm sicher noch lieber gewesen: direkt am Damm zur Stintenburginsel, die der große Dichter der Empfindsamkeit in einer Ode als »Insel der froheren Einsamkeit« verewigte. Der treffenden Formulierung ist an einem sanften Mai-Abend nicht viel hinzuzufügen. Am besten lässt man das Rad am Parkplatz auf dem »Festland« stehen; gleich beim Trampelpfad zur Klopstock-Eiche. Von hier führt eine kopfsteingepflasterte Allee zum Brückenhaus. Das gleichnamige wunderschöne Restaurant befindet sich laut Aushang noch in der Winterpause. Dabei tanzen die Mücken bereits den Sommertanz. Das Schilf steht hoch, der See ist ein stiller dunkelblauer Spiegel, Pferde grasen auf einer hügeligen Streuobstwiese – und wenn sie wie auf ein geheimes Kommando die Köpfe heben und

nach kurzem Innehalten in leichtem Trab über die Hügel verschwinden, ist einem, als hätten die Gebrüder Löwenherz nach ihnen gerufen. Willkommen am Schaalsee, dem zweittiefsten See des Landes, unerhört sauber, unfassbar schön, unverschämt wild, UNESCO-Biosphärenreservat und in den Jahren der deutsch-deutschen Teilung von der Grenze zerschnitten wie ein oller Putzlappen. Doch vielleicht ist ja gerade deshalb die Landschaft bis heute so ursprünglich und weitgehend unverbaut. Während anderorts Protzvillen ganze Seeufer der Allgemeinheit entziehen, lösen am Schaalsee einfache Bootshäuschen entzücktes Mitfreuen aus. Wanderer und Radfahrer müssen beinahe nur dort Bögen schlagen, wo Pflanzen und Tiere besonderen Schutz genießen. Und das macht man ja nur allzu gern. Wer von Ratzeburg über Salem nach Dargow an den

Schaalsee geradelt ist, und dann im Uhrzeigersinn immer dicht am Ufer entlang nach Lassahn, hat ohnehin schon unzählige Male wunderbaren Seeblick genossen. Besonders schön ist die Aussicht vom Seeblickpavillon in Lassahn. Hier bietet sich – nach etwa 30 Kilometern und knapp der Hälfte der Strecke – auch eine Übernachtung an. Dass die Speisekarte viel Regionales in Bio-Qualität und Fair-Trade-Produkte aufweist, ist überhaupt nichts Ungewöhnliches am Schaalsee. Die Gegend sieht zwar so aus, als wäre sie aus der Zeit gefallen. Aber in Wahrheit geht der Schaalsee mit gutem Beispiel voran. Wer sich für die Visionen und Anstrengungen im Biosphärenreservat interessiert, legt am zweiten Tag einen ersten Stopp im Infozentrum Paahlhus in Zarrentin ein. Und dann folgen wie am Tag zuvor idyllische Buchten, zauberhaft altmodische Badeanstalten mit Sandstrand, verträumte Bootsstege, schnuckelige Hofcafés und Gartenlokale, bis es von Dargow aus wieder nach Ratzeburg geht.

FAZIT: ZWEI ENTSPANNTE TAGE IM NATUR-PARADIES. JE GEMÄCHLICHER MAN ES ANGEHEN LÄSST, DESTO INTENSIVER IST DAS FREIHEITSGEFÜHL.

Hin & Weg: Vom nächstgelegenen Bahnhof in Ratzeburg ist der Schaalsee nach 11 km bei Dargow erreicht.

Beste Zeit: April–November.

Dauer & Strecke: 2 Tage, ca. 65 km; davon ca. 45 km um den See herum.

Ausrüstung: Räder, Satteltaschen.

Wenn es Nacht wird: Landhausstil, Jagdstube, DDR-Zimmer – jedes der neun Gästezimmer im Seeblick Lassahn steht unter einem anderen Motto (www.seeblick-lassahn.de). Aber das Beste ist die Lage hoch über dem Schaalsee.

DAS WANDELN IST DES LUDWIGS LUST

≥ ... in Ludwigslust ≤

#43

Aus einer Laune heraus entstanden und für gute 80 Jahre Hauptresidenz der mecklenburgischen Herzöge, stellt Ludwigslust heute ein einmaliges barockes Flächendenkmal dar. Im preisgekrönten Schlosspark setzten Gartenkünstler Flora, Fauna und Architektur gekonnt in Szene.

Wie Hamburger es lieben: Wasser spielt eine wichtige Rolle in Ludwigslust.

49 EC-Minuten vom Hamburger Hauptbahn-hof entfernt plätschert Wasser in Kaskaden, spiegelt sich ein Märchenschloss in einem Bassin. Auf der Bahnstrecke zwischen Hamburg und Berlin hört man immer wieder Leute sagen: »Ach, da wollte ich auch schon ewig mal hin.« Nach Ludwigslust nämlich, von Einheimischen liebevoll Lulu genannt, von schwärmerischen Seelen auch Versailles des Nordens. Selbst wer mit über Jahren hochgeschraubten Erwartungen in die malerische Kleinstadt im südwestlichen Mecklenburg-Vorpommern reist, wird bezaubert: von der prächtigen Elbsandsteinfassade des Schlosses, den Fachwerkbauten und Herrenhäusern, die sich in weitem Rund zu einem Gesamtkunstwerk fügen, und von der Kirche mit der Anmutung eines griechischen Tempels. Ein besonderes Highlight ist der Schlosspark. 2016 wurde er mit dem zweiten Platz des Europäischen Gartenpreises ausgezeichnet. In der Kategorie

»Beste Weiterentwicklung eines historischen Parks« konnten es nur noch die Hestercombe Gardens in Somerset mit Mecklenburg-Vorpommerns größtem Landschaftspark aufnehmen. Dafür kostet der Eintritt in Somerset einige Pfund – und in Lulu: nüscht.

Aufgrund seiner Weitläufigkeit erkunden Besucher den Park gern mit dem Rad. Aber ist man dann nicht zu schnell? Will man auf der Hofdamenallee nicht lieber flanieren? Über Brücken und symmetrisch angelegte Plätze schreiten? Entlang der Kanäle lustwandeln? Beim gemächlichen Spazieren wirken die Blickbeziehungen zwischen Parkteilen, Denkmälern und Bauwerken am stärksten. Romantisch ist die Aussicht vom Louisenteich zum Schweizerhaus, dem Sommersitz der Herzogin. Abseits der Hauptwege stoßen Fußgänger auf Mausoleen, Wasserspiele, ein Gartenkabinett und eine künstliche Ruine, die als Kulisse für

In mehr als 100 Jahren wurde der Schlosspark aufpoliert wie ein Schatz aus Opalen und Smaragden.

Hoffeste genutzt wurde. In Lulu wusste man zu leben. Sogar Bediensteten stand eine Erholungshalle zur Verfügung. Auf Ausflügler warten heute Gartenlokale und Straßencafés auf der Schlossfreiheit, dem Schlossplatz und der Schlossstraße. Und das Schloss selbst, mit goldenem Saal und Pappmaché-Prunk? Sollte morgen unbedingt auf dem Plan stehen!

FAZIT: AM KURZTRIP NACH LULU FAND SCHON HERZOG CHRISTIAN LUDWIG II. GEFALLEN. SCHLOSS, PARK UND STADT VERDIENEN DAS PRÄDIKAT »GERADEZU KÖNIGLICH«.

Hin & Weg: Mit der DB bis Ludwigslust.

Beste Zeit: Ganzjährig, das Schloss ist montags geschlossen. Mehr unter www.stadtludwigslust.de

Dauer: 2 Tage.

Ausrüstung: Lageplan Park (erhältlich in der Touristeninformation, Schlossstr. 56).

Wenn es Nacht wird: Das Hotel de Weimar wurde 1773 für herzögliche Gäste eröffnet und galt als »Hotel I. Ranges«. Heute übernachtet es sich hier wieder königlich – nur einige Schritte vom Schloss entfernt (www.landhotel-de-weimar.de).

WIE WEIT IST DAS MEER?

≥ ... auf dem Elberadweg an die Nordsee ≤

#44 Auch wenn Hansestädter es den Süddeutschen nie verraten würden, ahnen sie es insgeheim ja doch: Hamburg liegt gar nicht an der Nordsee. Sondern ein Mikroabenteuer entfernt. Wer's genau wissen will, macht sich auf eine zweitägige Radtour auf dem Elberadweg.

Der Elberadweg ist ideal, um an einem Sonn-
abend in aller Ruhe die Satteltaschen zu pa-
cken und die nächste S-Bahn nach Wedel zu
besteigen. Die Elbkilometer auf Hamburger
Stadtgebiet überlässt man am Wochenende
besser den Touristen. Zwischen Hafencity
und Blankenese wird der Elberadweg seinem
Ruf gerecht: Der meistbefahrene Radweg
Deutschlands soll er sein. Kurz hinter Wedel
kommen daran Zweifel auf. Selbst im Juli, am
Wochenende und wenn das Wetter herrlich ist,
scheinen in den Elbmarschen Schafe in der
Überzahl zu sein. Regelmäßig zwingen Gatter
zum Absteigen und Sichhindurchschlängeln.
Eine Rennstrecke ist der Elberadweg im Be-
reich der Unterelbe nicht. Aber genau das ist
ja das Gute. Versteckte Strände und Vogel-
schwärme, Naturschutzgebiete und Süßwas-
serwatten, Hofcafés und Fischbrötchenbuden
– das will eben alles langsam erfahren werden.

Die Ortschaften hinterm Deich sind eher zu er-
ahnen als zu sehen. Abgesehen von Kollmar.
Die kleine Gemeinde liegt direkt an der Elbe
und wirkt wie ein überlaufenes Ostseebad aus
einer anderen Zeit. Die Waffeln im Fährhaus
Kollmar sind eine Erwähnung wert und eine

Hin & Weg: Mit der S-Bahn nach Wedel. Zurück
von Brunsbüttel mit der Buslinie 6600 nach Itzehoe
(Achtung: E-Bikes werden nicht mitgenommen!), von
dort weiter mit der Bahn.

Beste Zeit: Mai–September. Öffnungszeiten der
Sperrwerke unter www.adfc-wedel.de

Dauer & Strecke: 2 Tage, knapp 70 km.

Ausrüstung: Rad, Badesachen, Zahnbürste & Co.

Wenn es Nacht wird: Im historischen Hotel Anno
1617 direkt am Marktplatz von Glückstadt erzählen
die Zimmer von großen Persönlichkeiten der Stadt.
Die Küche setzt auf Qualität und Zutaten aus der
Nachbarschaft (www.anno1617.de).

Deichruhe, Hafenromantik, Strandvergnügen: Je langsamer man von Hamburg nach Brunsbüttel trudelt, desto schneller entspannt man auf dem Elberadweg.

willkommene Stärkung für die letzten zehn von insgesamt 37 Kilometern nach Glückstadt. Pünktlich zum Sonnenuntergang sitzt man dann im Hafen und zählt seine Mückenstiche mit der Gelassenheit eines Buddha – oder derer, die sich körperlich ein wenig verausgabt haben. Ein historischer Segler sticht in See, fährt schon mal voraus nach Brunsbüttel. Auf den verbleibenden 31 Kilometern bis zur Mündung werden Fluss und Strände immer breiter. Die Chance, Robben zu sehen, steigt. Die Leuchtturmdichte nimmt zu. Der Wind schmeckt nach Salz. Und wenn der meistbe-

fahrene Radweg Deutschlands auf den meistbefahrenen Kanal der Welt trifft, wissen Radfahrer nicht nur, wie weit es von Hamburg ans Meer ist: Sie werden die Nordsee auch aus eigener Kraft erreicht haben. Ganz entspannt.

> **FAZIT: FAHR LOS, WENN DU AUS HAMBURG BIST. DER ELBERADWEG IST DAS MEKKA DER LOKALPATRIOTEN UND SELBST FÜR UNGEÜBTE RADFAHRER LOCKER ZU ERLEDIGEN.**

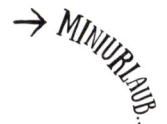
GREATER HAMBURG

> ... Landpartie in Pinneberg <

#45

Der Kreis Pinneberg gilt nicht jedem als Top-Ausflugsziel. Die Landwirtschaftskammer Schleswig-Holstein empfiehlt Europas größtes zusammenhängendes Baumschulgebiet ausdrücklich. Die »Gartenrouten zwischen den Meeren« verbinden Kleinode norddeutscher Gartenkultur zu ausgedehnten Landpartien.

Passt zwischen zwei Regenschauer: Wanderweg um den Bokeler See. Bei Sonne locken Strandbad und Ruderboot. Rechts: Barmstedter Schossinsel. Kleine Dinge sind der Schlüssel zum Glück.

Hamburger gelten als anglophil. Und was liegt da näher, als es mal so zu machen wie die Londoner. Die verbringen – in Filmen und Romanen – ihr Wochenende ja ständig auf dem Land, wo sie wenig anderes tun, als durch verregnete Grünanlagen zu spazieren. Zwar können wir nicht mit dem Rolls Royce in die Cotswolds fahren, dafür aber mit Bahn und Rad nach Pinneberg, ausgerüstet mit Wachsjacke und Schirm, denn das Wetter ist an der Elbe auch selten berauschend. Wer glaubt, dem verregneten Pinneberg als Kurzurlaubsziel wenig abgewinnen zu können, sollte der Gartenroute Nr. 4 folgen. Sie trägt die verheißungsvolle Überschrift »Von Baumschulbaronen und Pflanzenjägern« und stellt zehn Highlights norddeutscher Gartenkultur vor. Zum Beispiel das Aboretum in Ellerhop. Wer kein Gärtner ist, fühlt sich zunächst vielleicht nicht viel an-

ders als im Park ums Eck, sagt unprofessionelle Dinge wie »oh, wie hübsch« oder »ah, wie interessant« und »das bisschen Regen ist doch gar nicht schlimm«. Aber dann passiert etwas. Auf einmal sind da diese kleinen Naturgeräusche – so leise, dass man sie im Alltag überhört. Und die Luft scheint getränkt mit ganz zarten Duftschleiern. Mag sein, es geschieht im Roten Garten. Oder im Blauen Garten. Im Bauerngarten. Duftgarten. Bambusgarten. Blindengarten. Im gewaltigen, gewaltigen Hortensiengarten. Rosengarten. Japanischen Garten. Kann sogar sein, es geschieht im NDR-Fernsehgarten. Im Sommer macht der allerdings Pause. Falls es dann noch immer regnet, so ein sanfter, stetiger Landregen, wie Pflanzen ihn lieben, bietet sich als nächste Station die Barmstedter Schlossinsel an. Früher wurden die Gartenanlagen von Häftlingen

gepflegt. Heute ist das Schlossgefängnis eine ausgezeichnete Adresse für original englische Teatime mit Scones und Gurkensandwiches und allem, was dazugehört. Dabei lässt sich wunderbar die morgige Tour abstecken. Da könnten etwa Langes Tannen auf dem Programm stehen. Das kiefernreiche Waldgebiet liegt in der Nähe von Uetersen, wo auch die Gärten eines ehemaligen Zistersienserinnenklosters und ein Rosarium zu finden sind. Die Rückreise erfolgt dann ab Tornesch. Aber nun geht es erst einmal ins Landhotel. Die etwa 10 Kilometer entfernte Bokel-Mühle ist ein ungeheuer romantisches Plätzchen, an dem man lieber früher als später eintreffen mag. Dort ziehen Schwäne über den hauseigenen See, der gerade groß genug ist, um im Schutz dichter Bäume einen Regenspaziergang zu genießen. Also ehrlich, es ist doch herrlich, aufs Land zu fahren – wie Londoner es tun. Isn't it?

Tipp: Die Gartenroute Nr. 4 reicht mit zehn Stationen und 105 Kilometern locker für zwei bis drei Weekends.

FAZIT: KURZURLAUB MIT S-BAHN-ANSCHLUSS IST GRANDIOS UNKOMPLIZIERT.

Hin & Weg: Nach Pinneberg geht's mit der S3 und dort weiter mit dem Rad. Zurück mit Nordbahn von Tornesch aus.

Beste Zeit: Sommer.

Dauer & Strecke: 1 Tag – 1 Wochenende, wie beschrieben ca. 25 km pro Tag.

Ausrüstung: Eine Broschüre kann unter www. gartenrouten-sh.de heruntergeladen werden.

Wenn es Nacht wird: Die Bokel-Mühle am See nördlich von Elmshorn, mit Sandstrand, Ruderbooten und 100-jährigem Seepavillon ist zum Schockverlieben (www.bokelmuehle.de)!

VOM MEER ZUM MEER

⋝ … auf der Express-Route am Nord-Ostsee-Kanal ⋜

#46

Der Nord-Ostsee-Kanal eignet sich perfekt zum Radfahren. Auf meist schnurgeraden, ebenen Uferwegen beidseitig des Kanals kommt man weder ins Schwitzen noch in die Verlegenheit, sich zu verirren. Doch langweilig wird es auf den 100 Kilometern zwischen Brunsbüttel und Kiel nie.

#Brunsbüttel #Kiel #Nordsee #Ostsee #Radtour

Die Anreise nach Brunsbüttel verdient für Radfahrer mal wieder das Prädikat: es ist kompliziert. Mit dem Zug geht es nach Itzehoe, um dort den Bus zum Kilometer 0 des Nord-Ostsee-Kanals zu nehmen. Damit wären alle Nachteile einer Radtour am Kanal genannt. Die kleine Unannehmlichkeit ist bereits an der Schleusenmeile von Brunsbüttel vergessen. Wo Möwen mit melancholischem Geschrei nach den Fischbrötchen der Touristen schnappen, schubst der Nordseewind Radler auf die 100 Kilometer lange Reise nach Kiel. Profis erledigen die Strecke an einem Nachmittag, Genießer planen zwei Übernachtungen ein und lassen sich in aller Ruhe quer durch Schleswig-Holstein treiben. Wozu auch rasen? Man will ja auch mal einem verwunschenen Stichweg ins Land folgen. An einer Badestelle ins Wasser hüpfen. Einen Hafen erkunden. Auf eine Hochbrücke klettern. Von rüstigen E-Bikern überholt werden. Die Uferseite wechseln, einfach nur so – oder weil

da drüben der Schatten kühler scheint oder die Sonne goldener. Seit Anbeginn befördern alle Fähren am Kanal ihre Passagiere rund um die Uhr und kostenfrei ans andere Ufer. An vielen

---

Hin & Weg: DB bis Itzehoe, weiter mit Buslinie 6600 nach Brunsbüttel (Achtung: E-Bikes werden nicht befördert), zurück mit der DB ab Kiel.

Beste Zeit: Mai–Oktober.

Dauer & Strecke: Freitagmittag bis Sonntagabend, ca. 100 km mit dem Rad.

Ausrüstung: Gepäckträgertaschen.

Wenn es Nacht wird: Von West nach Ost: Romantiker gehen ins Burger Fährhaus mit wundervoller Veranda direkt am Kanal (www.burger-faehrhaus.de) Modernen Look und einen Biergarten gibt's in der Pension Kanal 33 in Hohenhörn (www.kanal33.de). Maritime Farbwelt bietet Hotel Ahoi im Nirgendwo bei Breiholz (www.ahoi-hotel.de). 28 Marmeladen zum Frühstück kredenzt die Pension Alte Schmiede in Sehestedt (www.pension-am-kanal.de).

(links) Morgennebel und Abendsonne: Es gibt kein schlechtes Wetter am Kanal.

(rechts) Höchste Ingenieurskunst: Zehn Brücken überspannen den Nord-Ostsee-Kanal, hier: die Levensauer Hochbrücke bei Kiel.

Fährstellen befinden sich Ausflugslokale. Da kann man so herrlich dicke Pötte vorüberziehen lassen, Kreuzfahrtriesen, Frachter, kleine Segler und erhabene Dreimaster. 100 Schiffe schippern täglich von der Nordsee an die Ostsee. So viel Schiffsverkehr kann kein anderer Kanal dieser Erde aufweisen. Deswegen wird es auch nie langweilig auf den schnurgeraden Wirtschaftswegen. Und falls doch, liefert man sich einfach ein Wettrennen mit dem nächsten Ozeanriesen.

Die Krönung eines langen Tages auf dem Rad ist eine Unterkunft mit guter Küche und Veranda zum Kanal. Dort werden in der Dämmerung die Laternen angeknipst und aus den Wiesen steigt weißer Nebel, so wunderbar wie im Abendlied von Matthias Claudius. Er soll es übrigens gar nicht weit entfernt gedichtet haben. Nur den Kanal, den gab es damals noch nicht.

FAZIT: EINE RADTOUR WIE DAS GEFÜHL GANZ GROßER FERIEN. DIE UNTERKÜNFTE UNBEDINGT IM VORAUS BUCHEN, BESONDERS WENN MAN IN KANALNÄHE SCHLAFEN MÖCHTE.

ES MUSS NICHT IMMER SANDSTRAND SEIN

... Baden in der Meldorfer Bucht

#47

Ein heißer Freitagnachmittag auf der A23. Ganz Hamburg quält sich im Stau nach St. Peter-Ording. Ganz Hamburg? Nein. Eine Handvoll Kurzurlauber lässt sich längst vom Rückenwind durch die Naturschutzgebiete des Speicherkoogs zu den Badestellen der Meldorfer Bucht treiben.

#Grünstrand #Deichkinder #Nordsee #Freiheit #Stille

Bucht wie ein blaues Seidentuch mit silberweißen Tupfern. Nur das Tuckern eines weit entfernten Kutters ist zu hören. Und hin und wieder zufriedenes Blöken: Schafe leben frei am Grünstrand. Badegäste sind in abgetrennten Arealen untergebracht. Am Deich ist eben alles anders. Auch das Baden. Viele Menschen schwimmen ja gern im Meer, brauchen aber ewig, um sich zu überwinden. Am Sandstrand stehen sie Urzeiten im knöcheltiefen Wasser, bevor sie sich mit Mäuseschritten weiter wagen. Doch am Grünstrand heißt es, beherzt eine Treppe hinabsteigen. Selbst von der letzten Stufe ist der Meeresboden nicht auszumachen, ist unergründlich. Der nächste Schritt ist Wattboden: weich, schlammig. Und nur weil das nicht ganz geheuer scheint, atmet man ein letztes Mal tief durch, bevor man sich fallen lässt.

Es folgt: ein Kälteschock. Zwei Schwimmzüge später ist das Leben um unendliche Optionen reicher. Allein in der Meldorfer Bucht wandert der Blick über 30 Kilometer Deichstille zwischen den Seebädern Friedrichskoog-Spitze und Büsum. Das sind jede Menge Grünstrände

Von 100 Befragten würden wohl 99 Sandstrände dem Deich vorziehen. Die Überzeugung kann in der Meldorfer Bucht schwer ins Wanken geraten. Denn da führt ein 1,5 Kilometer langer Damm auf die ehemalige Hallig Helmsand – mitten in die Nordsee hinein. Bei diesem Auftaktspaziergang haben schon viele ihr Herz verloren. Hals über Kopf. Von einer Sekunde auf die andere. So wie sich das für eine große Liebe gehört.

Und wie das eben so ist: Eine neue Liebe lässt einen Dinge tun, die man zuvor nie für möglich gehalten hätte. Da denkt man im kurzen, weichen Gras der Badestelle Elpersbüttel vielleicht zum ersten Mal in seinem Leben darüber nach, an einem Grünstrand zu baden. Gerade wenn es heiß ist. So heiß, dass niemand seinen Strandkorb nach der Sonne ausrichtet – dann schmiegt sich das Meer an die

Hin & Weg: Züge von Hamburg über Itzehoe nach Meldorf im Stundentakt. Von dort etwa 12 km zum Speicherkoog.

Beste Zeit: Ganzjährig, zum Baden natürlich bei Hochsommerhitze.

Dauer: Ein Tag ist besser als nichts, ein Wochenende große Klasse.

Ausrüstung: Für jedes Wetter etwas (Nordsee eben).

Wenn es Nacht wird: Das eigene Zelt kann auf dem Campingplatz Strandvogt am Sommerdeich für einen Appel und ein Ei aufgestellt werden. Nicht-Camper schnappen sich ein Appartement in der platzeigenen Ferienanlage Achtern Diek (beides am Stinteck 4, 25704 Nordermeldorf).

Salzwiesen wogen wie gräserne Meere. Die Nordsee passt sich farblich immer dem Himmel an. Am Abend schlagen die Stunden der Vogelbeobachter in den Naturschutzgebieten des Speicherkoogs.

mit Anbindung an den Nordseeküstenradweg, und das so nah an Hamburg. Eingeweihte müssen sich in der Hochsaison nicht mehr in den Stau zum Strand einreihen. Stattdessen wird gebadet. Und nach St. Peter-Ording geht's erst wieder, wenn die Sommerferien vorbei sind.

FAZIT: WIESEN STATT SAND, STILLE STATT TRUBEL, FISCHBRÖTCHEN STATT HUMMER. DIE MELDORFER BUCHT IST ETWAS FÜR ALLE, DIE LIEBER RAD ALS CABRIO FAHREN.

DER GEIST VON MALENTE

... Retreat in der Holsteinischen Schweiz

#48

Es heißt, die Zeit läuft schneller, je älter man wird. Doch das gilt nicht in der Holsteinischen Schweiz. Speziell Malente wirkt wie ein Feelgood-Movie aus den Sechzigern, gedreht in Technicolor. In den Hauptrollen: 200 Seen, eine Hügellandschaft, idyllisch wie das Auenland, und Kindheitserinnerungen.

#Sommerseen #siehtauswiefrüher #wunderbar

An einem uralten knorrigen Baum lehnt eine Holzleiter. Wer zum Astloch hinaufklettert, weiß in der Regel, dass das Briefgeheimnis hier ausdrücklich aufgehoben ist. Unter der Anschrift »Bräutigamseiche, Dodauer Forst, 23701 Eutin« senden Beziehungswillige seit 1927 Kontaktgesuche oder kommen persönlich, um in den eingegangenen Briefen nach dem oder der Richtigen zu suchen. Mehr als 100 Ehen hat die Bräutigamseiche schon auf dem Kerbholz. Den angebahnten Beziehungen wird eine besondere Langlebigkeit nachgesagt. Damit verhält sich die Bräutigamseiche zu Tinder wie das benachbarte Malente zum hektischen Heute. Der malerische Kurort hat sich gar nicht so sehr verändert, seit die legendäre DFB-Elf von 74 den Geist von Malente fand und Dick und Dalli und die Ponys durch die Holsteinische Schweiz galoppierten. Der Immenhof, Drehort des Kinder-

klassikers, heißt eigentlich Gut Rothensande. Er liegt am Kellersee, einem der zwei Hausseen von Malente. Der andere heißt Dieksee, und wer ganz gerne mal die Zeit anhält, ist an seiner Seepromenade goldrichtig. Statt Wellness locken Kneippbecken und Spiegelteiche

---

Hin & Weg: Mit der Bahn nach Malente-Gremsmühlen.

Beste Zeit: Sommer.

Dauer: Ein Wochenende.

Ausrüstung: Minus Laptop, minus Tablet, minus Smartphone.

Wenn es Nacht wird: Wie das Land, so die Hotelerie. Sie bewegt sich in Malente irgendwo zwischen den 1970ern und 1990ern. Wer es zeitgemäßer mag, schaut auf den einschlägigen Portalen nach Ferienwohnungen oder -häusern – die liegen häufig wunderbar und sind auch optisch im 21. Jahrhundert angekommen.

Am Kellersee (unten rechts) stolpert man von einem Immenhof-Bild ins andere. Fünf der 200 Seen lassen sich bei der beliebten 5-Seen-Rundfahrt entdecken.

im Wald. Die Badeanstalt im Retrolook kostet nicht einmal Eintritt. Entspannt wird nicht beim Yoga, sondern in der absoluten Stille einer Liegehalle im Kurpark. Der erinnert nicht umsonst an Planten un Blomen. Beide Anlagen wurden vom Gartenarchitekten und Landschaftsplaner Karl Plomin erdacht.

Malente scheint so viele Moden übersprungen zu haben, dass es längst wieder als zeitgeistig durchgehen kann. Und es hat ein Gefühl für einen aufbewahrt, das man vielleicht schon vergessen hatte. Wenn man einsame Bade-

buchten entdeckt, im Kanu auf dem See treibt, unbewohnte Inseln betritt, durch Wälder streift ohne spezielles Ziel, dann erwischt einen wieder die Ahnung, wie geheimnisvoll, abenteuerlich und unendlich lang ein Sommer ist.

FAZIT: RETREAT FÜR GESTRESSTE GROSSTÄDTERSEELEN. DAS GILT AUCH UND GERADE IM HOCHSOMMER, WENN DIE BENACHBARTEN OSTSEESTRÄNDE ÜBERQUELLEN.

ÜBERALL IST WUNDER-LAND

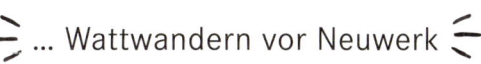

... Wattwandern vor Neuwerk

#49

Der Stadtteil Neuwerk liegt 100 Kilometer elbabwärts in der Nordsee. Er gehört zum Hamburger Bezirk Mitte und besteht aus der bewohnten Insel Neuwerk sowie den unbewohnten Inseln Nigehörn und Scharhörn, wo nur ein Vogelwart lebt. Und drumherum liegt Hamburgs größter Schatz: der Nationalpark Wattenmeer.

Es heißt, Neuwerk sei Hamburgs stillster Stadtteil. Das klingt logisch, denn selbst die größte der drei Inseln ist mit knapp 40 Einwohnern nicht gerade Manhattan. Doch bei Sonnenaufgang ist es gar nicht so leise in den Salzwiesen hinterm Deich. Hunderte Seevögel, vielleicht Tausende, schnattern und schnäbeln und kreischen und piepsen um die Wette. Jagt ein Hase durch die Menge, fliegen sie in gewaltigen Wolken auf.

Ein Spaziergang im Ostvorland der Insel fühlt sich an, als sei man in eine Naturdoku des NDR geraten. Ringelgänse, Austernfischer, Nonnengänse, Knutts, Strandläufer, Seeschwalben und andere Arten kommen in unvorstellbaren Scharen – zur Brut, zur Mauser oder auch nur für eine Rast. Zweimal täglich deckt die Nordsee ihr Buffet auf. Das Watt wimmelt vor Würmern, Schnecken, Muscheln, Krebsen und Minipflanzen. Urlauber suchen lieber Bernstein. Oder Robben, weiter draußen auf dem Kleinen Vogelsand. Er stellt die einzige Fläche im Hamburgischen Wattenmeer dar, die weiträumig betreten und beritten werden

---

Hin & Weg: DB bis Cuxhaven, weiter mit Schiff, Wattwagen oder zu Fuß.

Beste Zeit: März–Oktober.

Dauer: 3 Tage.

Ausrüstung: Wattschuhe oder olle Turnschuhe.

Wenn es Nacht wird: Im 4-Sterne-Hotel Nige-Hus, geführt von den Nachkommen des letzten Neuwerker Piraten, logiert es sich gemütlich-komfortabel (www.inselneuwerk.de).

Watt und Wasser haben keine Balken. Links eine Rettungsinsel für Wanderer.
Die Wattwagenfahrt dauert etwa 90 Minuten. Ein warmer Pullover und eine Regenjacke sind keine schlechte Idee.

darf. Ansonsten führen nur zwei mit Pricken gekennzeichnete Wege von Neuwerk ins Watt – einer zum Festland in Cuxhaven, der andere auf die wanderne Düneninsel Scharhörn. Im Gegensatz zur Nachbarinsel Nigehörn darf sie nach vorheriger Anmeldung beim Vogelwart besucht werden. Und das ist noch so ein Grund, warum ein Tagesausflug nicht reicht, um die Mini-Insel Neuwerk kennenzulernen, deren Umrundung nicht einmal eine Stunde dauert: Es braucht mindestens drei Tage, um auch nur eine Ahnung zu bekommen, mit welchem Paradies Hamburg beschenkt ist.

FAZIT: EIN TAGESFLUG NACH NEUWERK IST GUT. EIN KURZURLAUB VIEL, VIEL BESSER. WATTWANDERER KOMMEN ZU FUSS UND MELDEN BEIM VOGELWART IHREN BESUCH AUF SCHARHÖRN AN.

→ MINIURLAUB...

HERBST-LICHE HAUPT-DARSTELLER

⋝ ... Glanzlichter entdecken im Wendland ⋜

Die Ostheide, der Höhenzug des Drawehn, das Urstromtal der Elbe und Norddeutsch- lands größtes Mischwaldgebiet, die Göhrde, lassen im Herbst Indian Summer Feeling aufkommen: Das Wendland ist eine kleine Zauberwelt mit enormer Bandbreite.

(links) Der Hohe Mechtin belohnt mit tollem Weitblick.

(rechts) Die Elbe gleicht im Wendland einem Gemälde. Daneben: Schräge Erinnerung – die Eisenbahnbrücke bei Dömitz.

städtchen Hitzacker wandert. In regenarmen Monaten scheint es schwer vorstellbar, dass die Altstadt immer wieder von Überschwemmungen bedroht ist, liegt die Elbe doch weite Wiesen entfernt. Doch wer am kommenden Tag auf dem Elberadweg den Schleifen durch die ausgedehnten Auen zur einst längsten Eisenbahnbrücke Deutschlands folgt, wird staunen: Fast 1000 Meter überspannte diese in Vorkriegszeiten die Elbe und das weite Vorland. Heute existiert nur noch das Teilstück des westlichen Elbufers: ein Relikt, das ebenso verzaubert wie es nachdenklich stimmt.

Wie wunderbar Wälder duften. Besonders im Herbst. Wie herrlich das Laub unter den Schuhen raschelt, wie sanft der Hohe Mechtin ansteigt – dieser 142 Meter hohe »Berg« mit Aussichtsturm. Dessen 161 Stufen führen weit über die Baumwipfel hinaus. Auf der Plattform reicht der Blick über die leuchtenden wendländischen Wälder und den Höhenzug des Drawehn. Ja, wirklich, Niedersachsen kann auch Bergatmosphäre. Auf den Elbhöhen geht es durchaus knackig zur Sache und in Hitzacker wird sogar Wein angebaut. Der nördlichste Weinberg Deutschlands liegt am Klötzie-Stieg, einem prämierten Wanderweg, der mit 27 Kilometern und 460 Höhenmetern nur etwas für geübte Wanderer ist. Genussschlenderer folgen der Steilkante lediglich knapp 10 Kilometer bis zum Aussichtsturm auf dem Kniepenberg. Der Blick auf das Urstromtal der Elbe ist so wunderbar, dass man gern auf gleichen Pfaden zurück in das malerische Fachwerk-

Direkt gegenüber, am östlichen Elbufer in der Kleinstadt Dömitz, lässt ein Rest der ehemaligen DDR-Grenzanlage sensible Seelen erschauern. Die Mittlere Elbe stellt eine der wenigen unverbauten Flusslandschaften Mitteleuropas dar, unter anderem weil der eiserne Vorhang sie in den Jahrzehnten zerschnitt, als man noch nicht viel auf Umweltschutz gab. Bis heute ist die Gegend nicht sehr dicht besiedelt (das liegt südlich der Elbe wohl auch am Atommülllager). Ist es nicht eigentümlich, dass ausgerechnet zwei fürchterliche Dinge wie Grenze und Gorleben dafür gesorgt haben, dass die Welt im Wendland noch heil scheint?

In Städtchen und Dörfern haben sich gesunde Strukturen erhalten. Der Einzelhandel floriert offenbar und kulturell geht einiges. Beides ist auch Verdienst der Anti-Atomkraft-Aktivisten, die zum Protestieren kamen und blieben, weil ein spezieller Zauber über dem Wendland

liegt. Die kleine Zwischenwelt verbindet das Beste von Land und Stadt: Sorgsamer Umgang mit der Umwelt und Neugier auf Neues, innere Geschlossenheit und Gastfreundlichkeit, Tradition und Toleranz. Das scheinen hier ebenso wenig Gegensätze zu sein wie November und kunterbunte Freude. Oder ein Gipfelbuch in einer Berghütte am Hohen Mechtin, 142 Meter über dem Meer.

Hin & Weg: Metronom nach Lüneburg, von dort mit dem Erixx nach Dannenberg.

Beste Zeit: Nach dem ersten Nachtfrost.

Dauer: 2–3 Tage.

Ausrüstung: Wanderschuhe, warme Kleidung, Regenzeug.

Wenn es Nacht wird: Im Vorzeige-Rundlingsdorf Lübeln punktet das 1. Deutsche Kartoffelhotel mit Gastlichkeit, Gemütlichkeit und guter Küche (www.kartoffel-hotel.de).

FAZIT: DAS WENDLAND IST EIN KLASSISCHES WHATEVER-YOU-WANT-WOCHENENDZIEL. HIER VERMISST DER GROBSTÄDTER EBENSO WENIG WIE DER NATURFREUND.

FRISCHER WIND VON VORN

⇃ ... Küstenwanderung in der Lübecker Bucht ⇂

#51

Es gibt einen Grund, warum an den Stränden der Lübecker Bucht häufig Ölsardinenfeeling herrscht: sie ist wunderschön. Wer die Seebäder von Travemünde bis Neustadt im Sommer wegen Überfüllung bedauernd meidet, genießt eine zweitägige Küstenwanderung in den stilleren Monaten umso mehr.

Strandwanderer genießen ihren Vorteil: Nichts und niemand könnte je den freien Blick auf den Horizont verbauen.

mündes nur mäßig besuchter Strandpromenade und der eleganten Kaiserallee. Seit einigen Jahren gibt sich das Seebad wieder mondän. Fast glaubt man, die Kessler-Zwillinge unter den Linden zum Casino tanzen zu sehen. Kurz hinter dem Möwenstein führt ein Pfad zum Brodtener Ufer hinauf.

Der Waldboden ist mit Buschwindröschen übersät. Wo die Bäume den Blick auf die Ostsee freigeben, sieht man sie mit dem Himmel um die Wette leuchten. Der Pfad mäandert herrlich dicht an der Abbruchkante. Unten am Wasser über Wackersteine und Treibholz zu kraxeln, ist aber auch nicht schlecht. Wie man's macht, macht man's also richtig. Am besten aber beides. Scheint die Sonne in Niendorf prächtig, mag die Pause länger ausfallen als gedacht. Auf der Seebrücke sind ausnahmsweise Liegen frei und der Fisch im Hafen ist frisch. Wer noch Puste hat, kann einen Abstecher in das Naturschutzgebiet Aalbeek-Niederung unternehmen, um den berühmten Hermann-Löns-Blick am Hemmelsdorfer See zu genießen. So zeigt der Schrittzähler am Ende des Bohlenweges in Timmendorf doch noch gute 20 Kilometer an. Genügend also, um dem abendlichen Trubel von Timmendorf gelassen zu begegnen und sich gleichzeitig auf die morgige ebenso lange Etappe zu freuen. Dann geht es über die quirligen Promenaden von Scharbeutz und Haffkrug nach Sierksdorf. Die letzten Kilometer entlang der Steilküste können durchaus als Geheimtipp durchgehen. Hier trifft man manchmal keine Menschenseele, bevor man in Neustadts Fischerei- und Yachthäfen wieder mitten ins Leben eintaucht.

Für Frühlingswanderer ist alles anders. Sie rasen nicht wie sommerliche Badegäste auf dem schnellsten Weg zum idealen Parkplatz nahe des wieder einmal viel zu vollen Strandabschnitts irgendwo in der Lübecker Bucht. Sondern sie schlendern in Travemünde aus dem Zug – und haben Zeit. Zeit für die ersten Atemzüge Ostseeluft und das Gefühl, am Meer zu sein. Frühlingswanderer nehmen sich nicht zu viel vor. Der Frühling kann ja trügerisch sein. Im Zweifel sollte das Tagespensum auch in Kälte oder bei Regen locker zu erledigen sein. 15 Kilometer scheinen ideal und führen vom größten deutschen Ostseefährhafen bis zur Unterkunft in Timmendorfer Strand. Los geht's am Skandinavienkai, Seite an Seite mit den großen Fähren, die nach Finnland, Schweden und Lettland ziehen. Und da liegt dieser bestimmte Zauber über Trave-

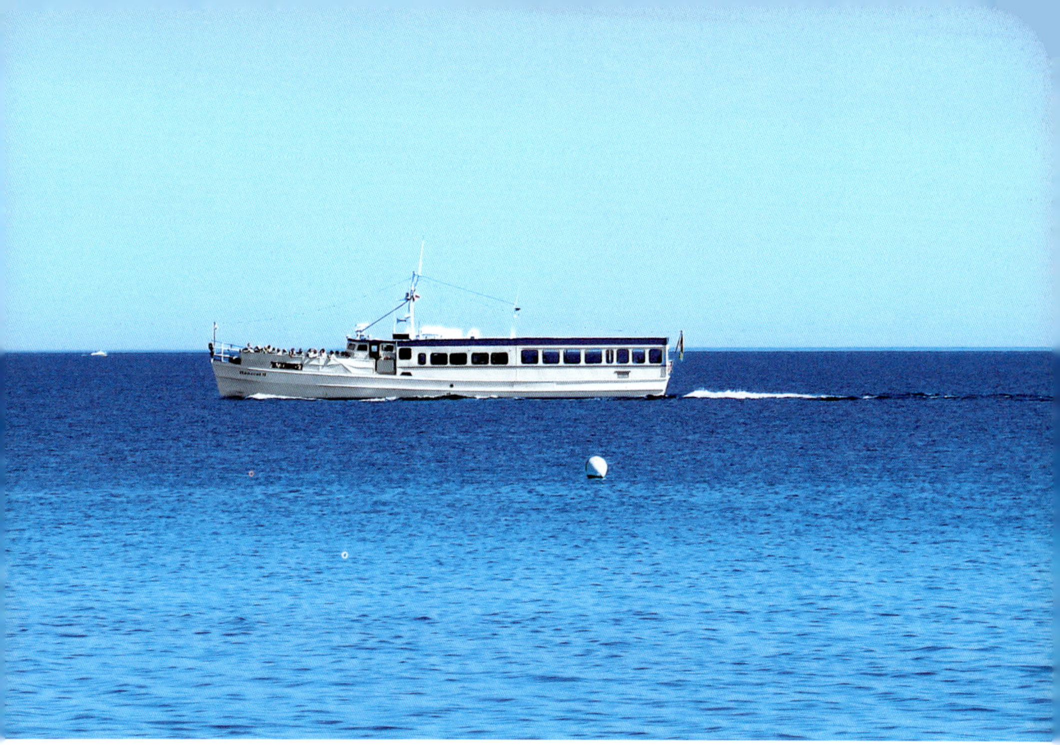

FAZIT: WANDERN MIT GLÜCKSGARANTIE: IMMER DER NASE NACH ÜBER STEILKÜSTEN, PROMENADEN, BOHLENWEGE UND STRÄNDE, BEGLEITET VOM RAUSCHEN DER WELLEN UND MÖWENGESCHREI.

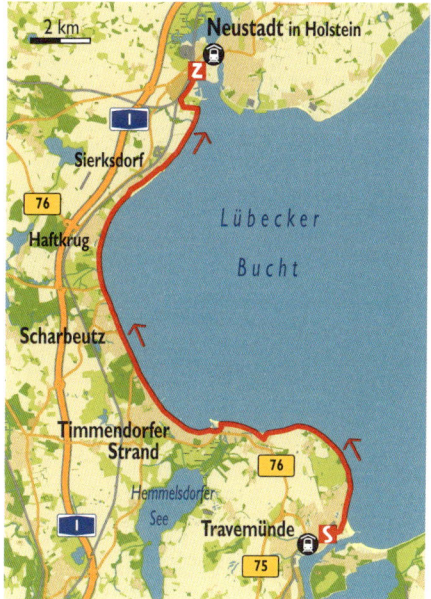

Hin & Weg: Am besten mit der Bahn nach Travemünde bzw. Neustadt.

Beste Zeit: Oktober–April (außerhalb der Ferien), am besten während der Woche.

Dauer & Strecke: 2 Tage, ca. 15 km pro Tag – ohne Abstecher.

Ausrüstung: Rucksack & Siebensachen.

Wenn es Nacht wird: Ostküstenfeeling wie auf Long-Island – das Barefoot Hotel oberhalb des Kurparks hat Til Schweiger gestaltet wie einen seiner Wohlfühlfilme (www.barefoothotel.de).

LEISE RAUSCHEN DIE WELLEN

≒ ... Hideaway in Boltenhagen ≒

#52

Um die Jahrhundertwende galt Boltenhagen als »Hamburgs Kinderstube« – zum einen aufgrund der Nähe zur Hansestadt, zum anderen wegen des kinderfreundlichen Strandes. Heute tummeln sich dort im Sommer täglich bis zu 30 000 Menschen. Im Winter hingegen kehrt Ruhe ein.

(links) Die Weiße Wiek teilen sich Yachteigner und Küstenfischer.

(rechts) Über allen Wassern ist Ruh: Boltenhagen im Winter.

nackten Feldern, zerbricht irgendwo im Wald ein Ast. Und wem das zu eintönig wird, für den ist es an der Zeit für einen Kurztrip ans Meer. Zum Beispiel an den Strand von Boltenhagen, wo die Ostsee beinahe wie die Südsee klingt. Steinlos, feinsandig und seicht changiert die Boltenhagenbucht selbst bei bedecktem Himmel in den erstaunlichsten Farben. Idealerweise logiert man zur Seeseite: Dort schirmen mächtige Kiefern die alten Bädervillen und Kapitänshäuschen aus den 1920er-Jahren zur Straße ab. Nach vorn trennt sie nur ein Dünenstreifen vom Strand. Mit Blick auf die Ostsee zu frühstücken, zu lesen oder auch einfach nur so dazusitzen und aufs Meer zu blicken ist selbst bei Schietwetter zauberhaft. Aber weil sich das an der Küste ja dauernd ändert, wird auch der mieseste Wintertag einige regenfreie Stunden spendieren. Dann kann man die wilden und ursprünglichen Strände des Klützer Winkels erobern, die Hofcafés

Viel zu selten knirscht im norddeutschen Winter Schnee unter den Schuhen. Man hat ja schon Glück, wenn man ab und zu in eine gefrorene Pfütze treten darf, sodass feines Eis klirrend zersplittert. Stattdessen klopfen Regenfinger ans Fenster, krächzen Krähen auf

und Landgasthöfe, den Steilküstenweg bei Großklützhöved, 30 Meter über dem Meer, die Herrenhäuser, Schloss Kalkhorst, Gutshaus Parin, Schlossgut Groß Schwansee, das prächtige Schloss Bothmer mit der markanten Festonallee. Die Garteninsel der barocken Anlage ist tagsüber frei zugänglich und ein versteckter Spazierweg windet sich über Felder und Hügel zum Schloss Lüttgenhof. Gerät man unterwegs in einen Regen und kehrt völlig verfroren nach Boltenhagen zurück, muss das gar nichts Schlechtes sein. Wenn man nach einer heißen Dusche mit einer Tasse Tee auf dem Sofa lümmelt, klingt der ganz leichte Wellenschlag wie das sanfteste aller Wiegenlieder. Deswegen kann man auch so herrlich schlafen. »Hamburgs Kinderstube«, den Namen trägt Boltenhagen vollkommen zu Recht.

Hin & Weg: Am besten mit dem PKW, ansonsten per Bahn bis Lübeck. Weiter mit dem Bus 335 zunächst bis Grevesmühlen, weiter mit Linie 345 nach Boltenhagen.

Beste Zeit: Ganzjährig schön, ruhig nur im Winter.

Dauer: 2–3 Tage.

Ausrüstung: Mütze, Schal, Handschuhe, lange Unterhosen: Es kann klirrend kalt werden.

Wenn es Nacht wird: Villa mit Meerblick, romantischer Gutshof, Fischerkate am Strand – außerhalb der Saison purzeln die Preise. Dann spuckt die Suchmaschine des Vertrauens die erstaunlichsten Schnäppchen für den Klützer Winkel aus.

FAZIT: DAS WINTERLICHE BOLTENHAGEN PUNKTET MIT RUHE. RUHE. UND RUHE. VERMUTLICH DA DIE ANREISE ETWAS KOMPLIZIERT IST: AUTOFAHRER SIND AUSNAHMSWEISE KLAR IM VORTEIL.

SONST NOCH WICHTIG

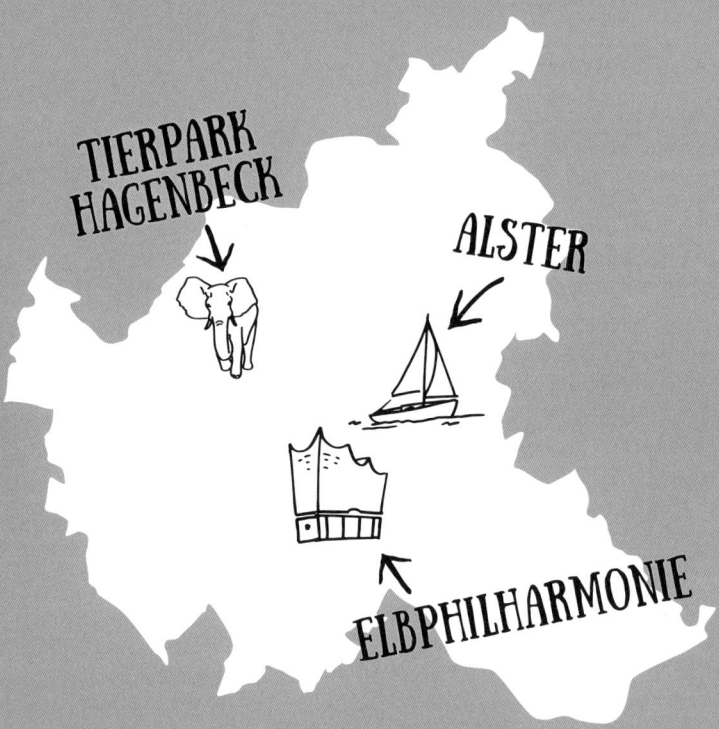

TIERPARK HAGENBECK

ALSTER

ELBPHILHARMONIE

Ein- und Überblick

Karten für den schnellen Überblick, ein Orts-register, praktische Tipps sowie mehr über die Autoren und ihre liebsten Empfehlungen gibt es auf den folgenden Seiten.

GPX-Download aufs Smartphone - So geht's

Voraussetzung:
Eine Outdoor-App muss installiert sein, z. B. KOMPASS, Outdooractive oder komoot. Zum Einlesen des QR-Codes benötigen Android-Geräte eine QR-Code-App. Bei IOS-Geräten ist diese Funktion in der Kamera integriert.

Daten downloaden:
1. Den QR-Code einlesen oder die Webadresse im Browser eingeben, um auf die Eskapaden-Website zu gelangen.
2. Die gewünschte Tour zum Download anklicken.
3. Bei IOS-Geräten werden die GPX-Daten direkt mit der vorab installierten App verknüpft. Bei Android-Geräten muss ggf. noch ein Weiterleiten-Button geklickt werden (z. B. oben rechts im Display). Manche Apps zeigen den Tourverlauf starr an, andere verfügen über eine Navigationsfunktion.

Tourenverlauf

GPX-Daten zum
kostenlosen Download
www.dumontreise.de/
eskapaden/hamburg

short.travel/ier2f

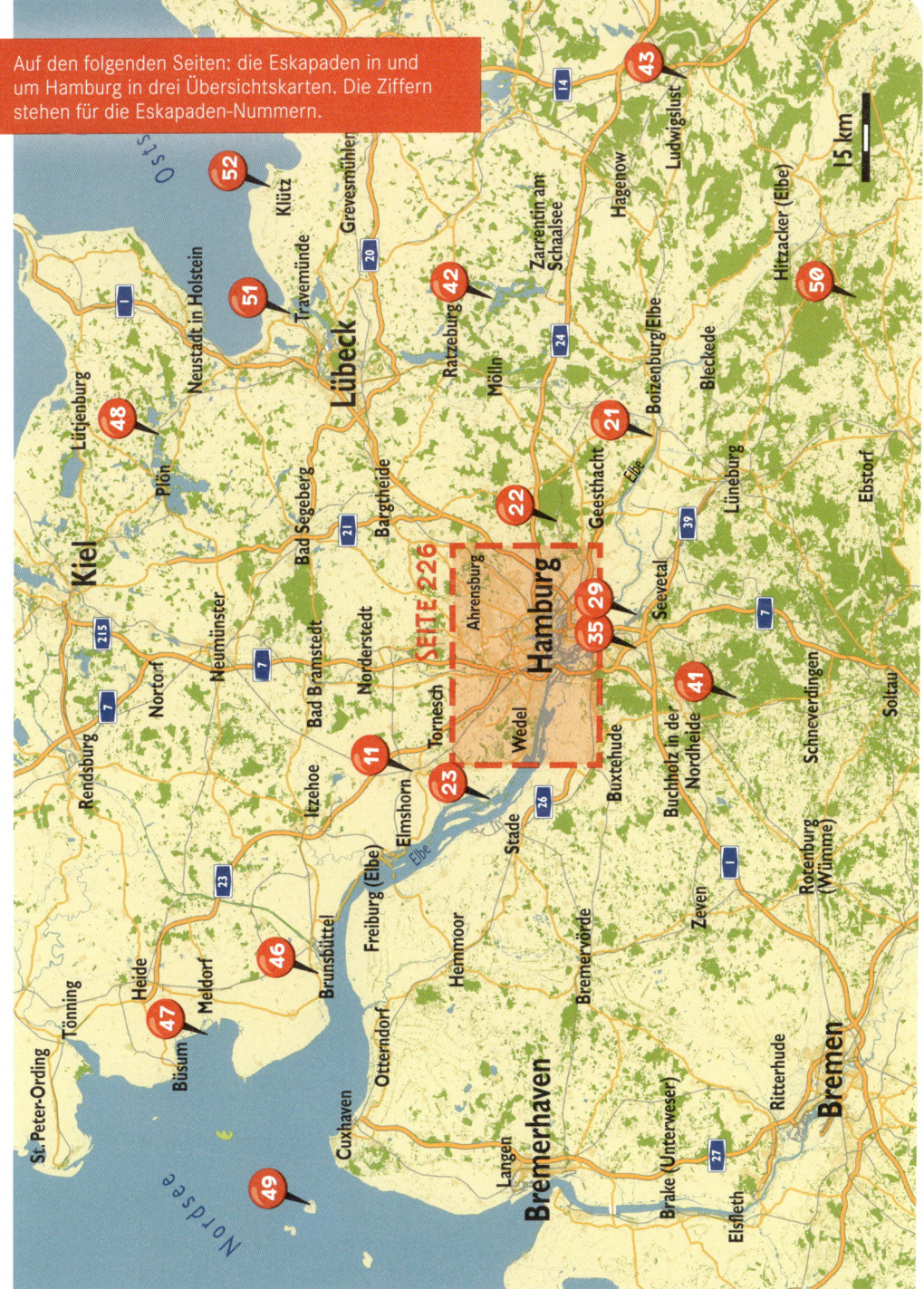

Auf den folgenden Seiten: die Eskapaden in und um Hamburg in drei Übersichtskarten. Die Ziffern stehen für die Eskapaden-Nummern.

15 km

Ostsee

Nordsee

SEITE 226

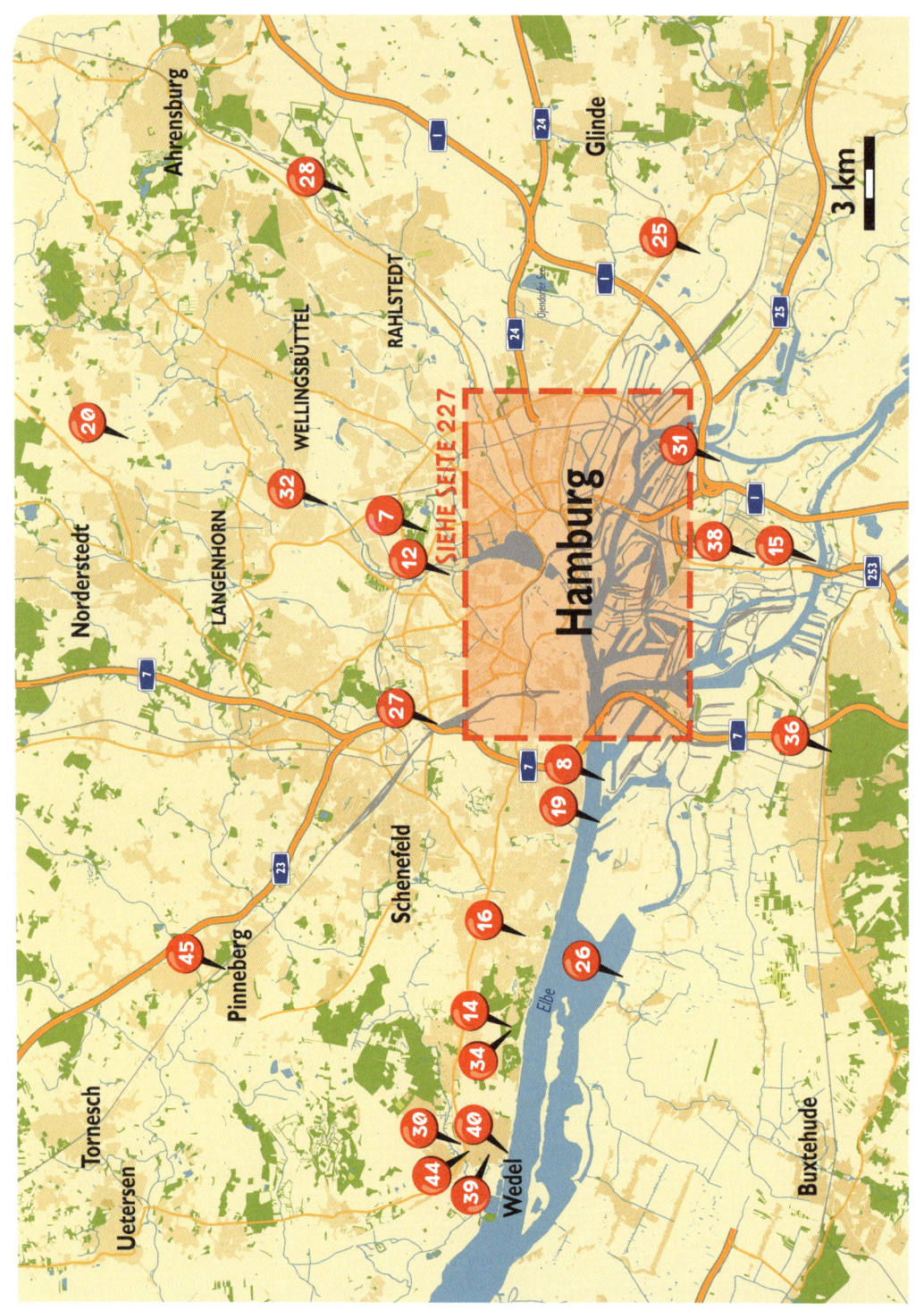

SIEHE SEITE 227

Hamburg

3 km

Ahrensburg
Glinde
RAHLSTEDT
WELLINGSBÜTTEL
LANGENHORN
Norderstedt
Schenefeld
Pinneberg
Tornesch
Uetersen
Wedel
Buxtehude
Elbe

28
25
24
1
20
32
7
12
31
38
15
27
8
19
36
16
26
14
34
45
30
40
44
39

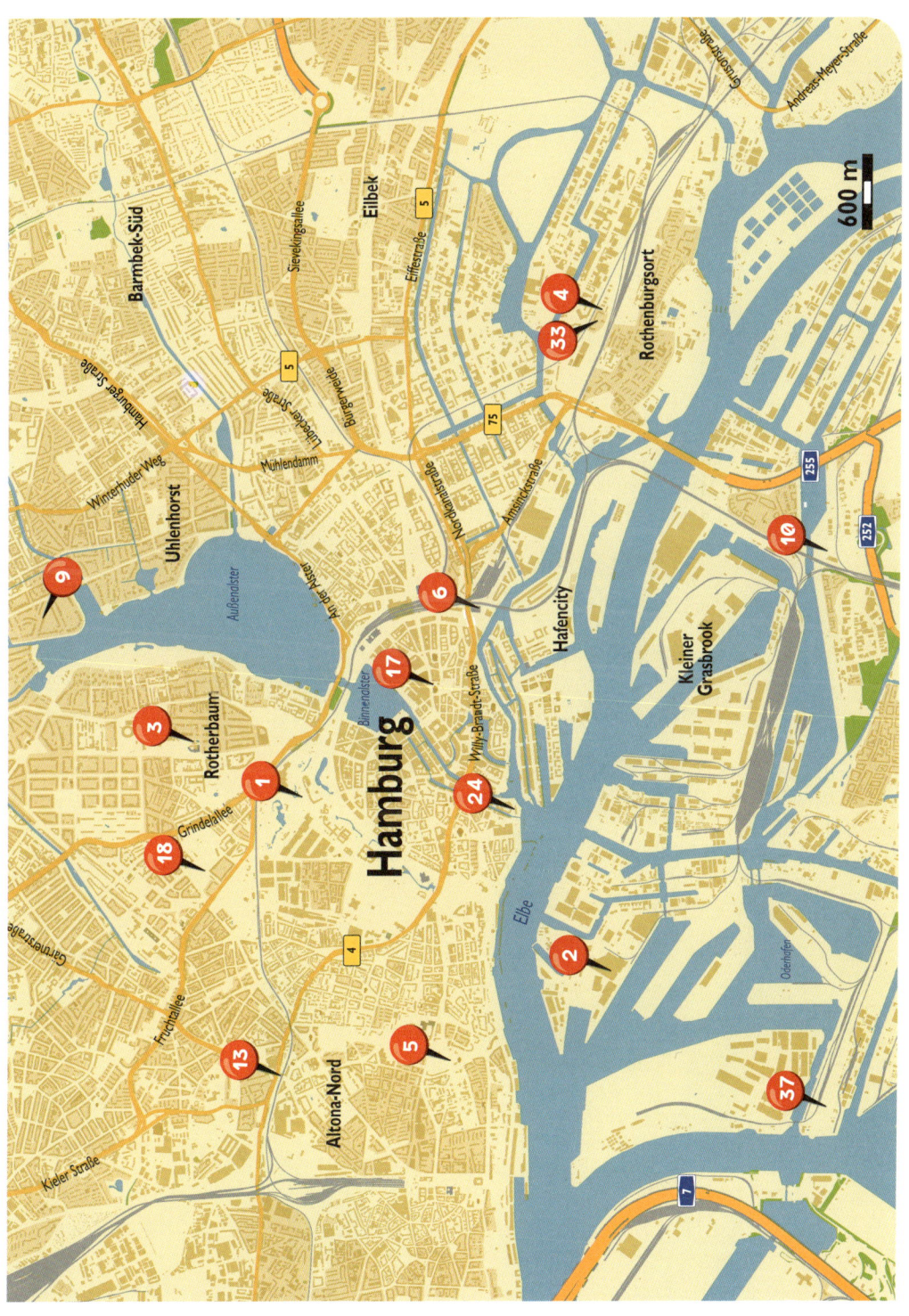

NOCH MEHR ESKAPADEN ...

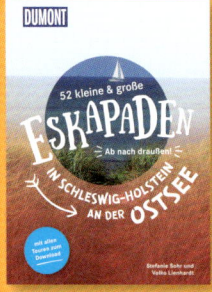
ISBN 978-3-7701-8086-8

ISBN 978-3-7701-8076-9

ISBN 978-3-616-11009-7

 ... erhalten Sie im gut sortierten Buchhandel
und unter www.dumontreise.de

IMPRESSUM

Konzeption Monique Sorban

Projektmanagement Svenja Heinle, Monique Sorban

Text Stefanie Sohr, Hamburg

Fotos Volko Lienhardt, Hamburg, www.volkolienhardt.com

Cover-/Buchgestaltung & Illustrationen Carolin Weidemann, Köln, www.weidemann-design.com

Lektorat & Produktion Verlagsbüro Wais & Partner, Stuttgart (Melanie Kattanek, Beate König, Julia Rietsch, Kai Wieland); www.wais-und-partner.de

Kartografie Madlen Keilhauer, Oliver Rau; © MAIRDUMONT, Ostfildern, unter Verwendung von Kartendaten von © OpenStreetMap-Mitwirkende, Lizenz CC-BY-SA 2.0

Printed in Poland

3. Auflage 2020
© 2018 DuMont Reiseverlag, Ostfildern
ISBN 978-3-7701-8071-4
www.dumontreise.de

FSC
www.fsc.org
MIX
Paper from
responsible sources
FSC® C139602

love Freiheit.

Weiterlesen

Die Behörde für Umwelt und Energie gibt regelmäßig neue Flyer und Broschüren zu Naturerlebnissen in der Stadt heraus. Zu finden unter www.hamburg.de/bue/publikationen als PDF. Wer Papier vorzieht, kann sich die kostenfreien Publikationen auch zuschicken lassen.

Geschmacks-sachen

Mandelmehl & Zuckerei - das Café zum Museumsviertel (#18) steht für köstliche Tartes & Macarons. Füße im Sand, Fischbrötchen in der Hand. Die Kajüte SB 12 in Blankenese liegt auf dem (Elbuferwander)-Weg (#40). Geflügelspezialitäten aus der Region gibt's im Dithmarscher Gänsemarkt (#47).

GUT ZU WISSEN ...

Ohne Auto

Naturerlebnisse mit dem Auto sind wie Biogemüse in Plastik verpackt. Also lieber HVV (www.hvv.de) und Hadag (www.hadag.de/hafenfaehren.html) nutzen. Fahrräder werden auf den Fähren kostenlos transportiert (Ausnahme Blankenese-Cranz). Ebenso in Bussen und Bahnen außerhalb der Sperrzeiten (wochentags zwischen 6 bis 9 und 16 bis 18 Uhr). In den Sommerferien darf das Rad immer mit. Leihräder gibt es über das Stadtgebiet verteilt an mehr als 200 Stationen (www.stadtrad.hamburg.de).

Sicherheit & Notfälle

Zentrale europäische Notrufnummer ist die 112 - gebührenfrei aus allen Netzen, auch mobil, erreichbar. Feuerwehr und Rettungsdienste werden so alarmiert.

Vor Ort im Netz

Die besten Tipps nördlich der Elbe gibt's auf www.weites.land. Das südliche Ufer stellen Reiseblogger auf www.meinniedersachsen.de vor. Freiluftabenteuer in Mecklenburg-Vorpommern hält www.mvnow.auf-nach-mv.de bereit.

ESKAPADEN-REGISTER ...

⋝ Alle Orte mit Seitenverweisen ⋜

STEFANIE SOHR

VOLKO LIENHARDT

... über die Autoren

Na, nun aber mal ab nach draußen?! Kaum ein Satz konnte Stefanie in ihrer Kindheit mehr entrüsten als dieser. Aber irgendwann erwischt sie einen ja doch, die Faszination windzerzauster, stiller Landstriche und die unbändige Freude, wenn die Sonne dann doch mal einen Strand in Goldlicht taucht. Aufgewachsen an der Schlei, in der Holsteinischen Schweiz und Hamburg, holt Stefanie heute begeistert nach, was sie als Kind rundheraus ablehnte.

Auf www.indernaehebleiben.de bloggt sie über Urlaubsgefühle in Hamburg, die Große Freiheit von Norddeutschland und Besuche bei nordischen Nachbarn.

Volko sitzt im Kanu am liebsten hinten, auf Fähren immer an Deck und am Millerntor muss es selbstverständlich ein Stehplatz sein. Nach einigen Wanderjahren und Umwegen über London, Prag und Tokio hat er seine Heimat in Hamburg gefunden. Von hier erreicht er fast alle Lieblingsplätze mit dem Rad. Dass der Himmel über St. Pauli oft aus Grautönen besteht, ist für den Fotografen kein Wermutstropfen. Ganz im Gegenteil. Es war gerade das Licht, das Volko aus dem Schwarzwald in den Norden lockte. Die Weite der Landschaft. Und die Offenheit. Auf www.indernaehebleiben.de zeigt er, wie er den Norden sieht.

Singletrail

Eskapade #7: Auf dem Pilgerweg im Stadtpark befinden sich Einzelgänger in bester Gesellschaft. Genau das Richtige, wenn man mal allein mit seinen Gedanken sein möchte.

Juniorklasse

Eskapade #32: Sind kleinere Kinder mit von der Rad-Partie, können Spielplätze, Tiere, Eissalons nicht schaden. Extraplus auf dem nördlichen Alsterwanderweg: Werden die Beine der Bambinis müde, ist die nächste Bahnstation nie weit.

5 BESONDERE EMPFEHLUNGEN ...

Paarlauf

Eskapade #51: Manche Menschen sieht man viel zu selten. Das sind die perfekten Sparringspartner für die Küstenwanderung in der Lübecker Bucht. Nirgends lässt sich besser »einer ausschnacken« als auf einer langen Wanderung mit leichter Wegführung.

Teamtraining

Eskapade #47: Die unendliche Weite der Meldorfer Bucht bietet sich als Trainingscamp für die nächste »Wattolümpiade« an. Mehr unter: www.wattoluempia.de

Hundesport

Eskapade #33: Super Freilauffläche, jede Menge Spielkameraden, Rundweg zum Stöckchen-Werfen am Wasser und eine eigene Badestelle. Hunde lieben den Eichbaumsee.